엄마의 유산

엄마의 유산,
위대한 계승을 이어가며...

엄마들의 언어는 영혼의 모유였습니다

얼마 전, 서리가 내리자, 마을 사람들은 김장을 서두르고 들판의 생명들은 한 생을 마무리합니다. 하지만 지금 이 순간에도 새로운 생의 창조를 위한 마지막 열기로 뜨거운, 우리가 있습니다.

냉기가 온기를 밀어내고 겨울은 채비를 서두르지만 여전히 묵묵한 기세로 열매의 당도를 높이기 위해 정성과 진심, 시간의 즙을 짜내는, 얼굴들이 있습니다.

우리의 지난 10여개월은
2개의 단어에 집중되었습니다.

정신, 그리고 계승.

고도로 진화된 첨단과학의 시대에도 정신은 우리에게 묻습니다.
'왜 존재하는가?'
이는 여전히 인간인 우리의 몫입니다.

과학이 기능이라면 정신은 의미입니다.
과학이 속도라면 정신은 방향입니다.
과학이 편리를 추구한다면 정신은 깊이를 추구합니다.

과학이 사는 법을 알려준다면
정신은 어떻게 살 것인가를 질문합니다.
과학이 세상을 아무리 바꿔도
인간의 정신은 결코 바꿔어서는 안 됩니다.

이렇게 작가들은 단 두 통의 편지에
자신보다 소중한 자녀를 위해 '엄마의 정신'을 담았습니다.

계승되어야 마땅한 정신.

'계승'은 단순한 '이음'이나 '모방'이 아닙니다. 지난 시간의 부유물을 밀어내고 정수만을 남겨 이어가는 삶의 보존방식입니다. 계승은 '흉내'가 아니라 '재창조'입니다. 과거의 삶을 현재의 언어로 되살려내어 앞으로의 삶으로 이어가는 '순환'입니다.

우리의 시간이 바로 그러했습니다.

자녀의 삶에 기초이자 기본이 되어줄 양분을 온몸으로 짜내었던 긴 시간은 작은 입술이 처음으로 자신의 젖꼭지에 닿았던 그때, 젖을 짜냈던 감각을 되살려낸 창조의 과정이었습니다. 삶을 바라보는 태도, 가치, 존엄, 존재. 자녀의 삶에 필요한 양분이어야 마땅한 가치를 글로 풀어냈던 이 시간들은 처음 젖을 물렸던 그때와 결코 다르지 않았습니다.

계승을 위해 손끝으로 영혼과 정신의 모유를 짜낸 과정은
그야말로 본질적 아름다움 그 자체였습니다.

자연의 원리에서 '힘'과 '짓'을 짜내었던 청년 농부, **박지선 작가**. 그녀는 땅콩의 살아버리는 힘과 고사리의 밀어 올리는 힘, 서리태의 뻗어나가는 힘을 통해 말합니다. 살.아.벌.이.는.짓.이 삶을 빚어내고 믿어버리게 한다고. 그녀는 탁월하고도 천부적인 어휘 감각으로 자연의 이치와 살아있음의 경이를 자녀에게 남겨야 할 정신, '태도'로 담아냅니다.

제주도 토박이로 아이 셋을 키우며 '글'밖에 모르는 **문수진 작가**. 그녀는 착했던 자신의 이면을 '고통'스럽게 들여다보며 참으로 많은 눈물을 흘렸습니다. 이 진실된 눈물이 증류되어 언어로 되살아나는 순간, 그녀의 성찰과 사유는 자녀의 정신 속에 용해되어 삶

의 힘겨움을 어떻게 해석해야 하는지를 꿰뚫어 들려줍니다. 소설가답게 그녀의 글에서는 편안하게 삶을 이야기하는 엄마의 목소리가 들립니다.

작가들의 엄마처럼, 늘 포용하는 마음 넓은 **이화정 작가**.
그녀는 지금까지의 자신에게 등을 돌린 듯했습니다. 좋고 이쁜 것만 바라봤던 삶 속에서 마땅히 무릎을 꿇어야만 했던 대상이 있었다며 자녀에게 '굴복'을 명합니다. 꿈에, 진리에, 자기자아에게 굴복하는 삶이야말로 아름다운 존재가 되는 지름길이라며 그녀답게 묵묵히… 친절하게 삶의 지혜를 전합니다. '정리'된 삶의 흔적이 가지런히 담긴 그녀의 글에서 자녀의 정신 또한, 가지런하게, 하지만 단단하게 정리될 것입니다.

급변하는 세상만큼 자신과의 단절도 빨랐다는 **김도연 작가**.
진정한 공부는 성적이 아니라 현실을 이어가는 것이라며 지금 소중한 것을 부여잡으라고, 그렇게 지금을 바라보고 '연결' 지으라고, 엄마인 자신부터 삶을 새롭게 조타(操舵)합니다. 늦지 않았으니 더 느리고 더 깊게 살아보겠다고, 이제는 자신의 결을 찾아 새로운 연결을 짓겠다고, 엄마부터 삶의 방향을 찾아 한결같이 걷겠다고, 그러다 보면, 자신만의 '탁월함'이 드러날 것이라고 담담하게 이야기하는 그녀의 글에서는 효율을 따지는 시대, 삶을 부여잡는 의지의 어휘들이 시선을 사로잡습니다.

집필기간, '바보'에서 '천재'가 되었다는 근성의 **박지경 작가**.
평범한 대한민국의 엄마인 우리야말로 진정한 '리더'일 수밖에 없다며, 그래야만 한다며, 그녀는 키루스 정신의 정수를 자녀에게 꼭꼭 씹어서 글로 풀어냅니다. 대단한 사람이 대단한 일을 해내는 것이 오히려 평범이며 평범한 우리가 한걸음, 한계단 더 오르는 순간이 쌓인다면 해내지 못할 것이 무엇이냐의 본보기가 되어준 그녀의 글에서는 '신뢰'가 절로 배어 나옵니다.

그리고, 『엄마의 유산』 속에 두 아빠가 등장합니다.
글을 쓰는 내내 진지함 속에서 신나는 놀이를 즐겼던 **윤성관 작가**.
대한민국 공교육의 현장에서, 아빠라는 자리에서, '난장(亂場)'인 현실에서 치이고 눌리며 분출구를 찾지 못했던 시간들 속 작가는 글을 쓰며 어릴 적 놀이 근육을 되찾은 지금의 자신을 자녀에게 그대로 보여주며, 삶은 진정한 '놀이'라며, 그러니 '재미'있게 살라며, 삶을 '장난'하라며 아빠의 경험과 시선을 묵직하게 풀어냅니다. 여전히 대한민국 아빠의 자리는 무겁습니다. 하지만 그가 알려준 놀이를 삶에 들인다면, 자녀들은 자신의 삶을 춤추게 할 놀이와 재미를 찾아낼 것입니다.

세상 모든 것을 품은 바다같은 마음의 **김천기 작가**.
늘 개구쟁이처럼 농담과 유머로 모두를 즐겁게 해준 그는 자녀에게 말합니다. 떨지 말라고, 세상은 텅 비어 있지 않다고, 눈을 감고 고개를 들면 반드시 너희의 꽃은 피어 있다고, 상념의 무게가 크더라도 밝음을 증명하라고. 그렇게 너희들은 빛날 것이라고. 자신의 녹록지 않았던 삶의 진한 경험을 깊이 있게 풀어낸 그의 시는 자녀의 앞길을 지탱해 줄 든든한 힘줄이 되어 오래토록 남을 것입니다.

그리고 이 글을 적는 저, **김주원**은 아들에게 쓴 편지 한 통이 계기가 되어 30통의 편지로 엮은 『엄마의 유산』을 처음 출간한 작가입니다. 대한민국의 엄마들이 자녀에게 남길 정신을 들추어 다듬고 매만져 편지로 남기는 이 과정은 그 자체로서 너무나 경이롭습니다. 계승으로 이어가는 작가들과 1년여를 함께 한 집필 과정에서 한 문장의 힘, 한 사람의 변화, 그리고 한 차원 높아진 정신의 힘이 얼마나 위대한지를 체감, 체화했음에 감사가 넘칩니다. 아울러 『엄마의 유산』은 지속적으로 이어져야 하며 그리될 것을 믿어 의심치 않습니다.

엄마의 정신을 남기는 이 숭고한 글쓰기 작업은
자녀에게, 그리고 다음 편지를 이어갈 작가에게 전하고픈
생명의 횃불입니다.
감히 불멸의 횃불이라 말하겠습니다.
'엄마와 자녀'라는 연결고리는 결코 사라지지 않을
생명의 기초, 계승의 본질이니까요.

한 글자 한 글자 써내려간 엄마들의 어휘는
내 품에 처음 아이를 품었던 깊고 투명한 영혼의 모유이자
즐겁고 슬프고 아팠던 지난 경험에서 추출된 정신의 즙이자
직면한 삶의 심연에서 길어 올린 응축되고 숙성된 골수였습니다.

우리는 여전히 어리석고 부족한 엄마이자 작가입니다.
하지만,
필력은 늘 미숙했을지 몰라도 정신은 충만했습니다.
시간은 부족했을지 몰라도 정성은 넘쳤습니다.
할 일은 미뤄졌을지 몰라도 해야 할 것들로 나아갔습니다.

우리 엄마들은 간절한 목소리로 자녀에게 이야기합니다.
인간은 생존을 넘어 존재의 이유를 지켜야 한다고,
정신은 인간의 존엄을 지탱하는 유일한 영역이라고,
그 어떤 기술로도 대체될 수 없는,
엄마의 마음이자 사랑을 여기 활자로 담았다고...

그리고 우리는 믿습니다.
한 글자, 한 단어, 한 문장이 모여 한 통의 편지로, 한 권의 책으로 창조되듯 이번 책의 창조 또한 다음 책으로 이어질 새로운 불씨가 될 것입니다. 그 불씨는 이 책을 읽는 부모와 자녀들 안에서 정신과 마음의 불길을 일으켜 영원한 횃불로 이어질 것이며, 이 불씨

의 계승을 통해 우리 자녀들은 살아 있는 정신으로 자기 삶을 앞에서 이끌어갈 것입니다.

마지막으로, 『엄마의 유산』에 담길 정신을 위해 첫 번째 책부터 지금까지 온 힘을 다해주신 디자이너 정근아 작가와 건율원 식구들, 글쓰느라 소홀했지만 늘 응원해 준 우리 모두의 자녀들에게 깊은 감사를 드립니다.

2025년 11월 가을 늦자락에, 김주원

서문 | 엄마들의 언어는 영혼의 모유였습니다.

살아버리는 힘, 살아벌이는 짓!
태도1 - 박지선 - 18

너의 다이몬을 위하여
고통 - 문수진 - 28

난장(亂場)을 장난으로! 장난을 놀이로!
놀이 - 윤성관 - 52

너의 큰 자원이 되어 줄 가장 쉬운 한 가지
정리 - 이화정 - 70

나의 결, 오늘
탁월 - 김도연 - 84

밀어내는 힘, 믿어버리는 짓!
태도2 - 박지선 - 108

키루스와 한끗 차이
리더쉽 - 박지경 - 120

너를 지우지 마
착함 - 문수진 - 156

삶의 재미는 시계추의 진자운동이란다
재미 - 윤성관 - 178

쇠망치의 가격에도 끄떡없는 너만의 모루
신뢰 - 박지경 - 196

네게 '굴복'을 명령한다
굴복 - 이화정 - 214

뻗어나가는 힘, 빚어내는 짓!
태도3 - 박지선 - 228

이음 너머
연결 - 김도연 - 236

에필로그 | **엄마의 정신을 남기며** - 264
로고 이야기 - 디자이너 정근아 | **엄마의 소리** - 272

김천기의 자녀를 위한 헌시

씨앗 - 16

무궁화꽃이 피었습니다 - 50

반짝여라 - 82

가고 싶소 - 154

한걸음 - 194

민들레 - 212

씨앗

떨지 마
너를 버리는 게 아니야
흙 속에 너를 두고
떠나는 것이 아니야

놀라지 마
지금 뿌리는 물로
흠뻑 네 몸을 부풀려

너는
저기 처마보다 높은
나무가 될 테니까
두려워하지 마

저 처마 너머 세상은

이미 너의 자리를 준비했어

너는

너의 떡잎을 펴고

하얀 뿌리를 내려

의심하지 마

너는 이미

큰 나무이고

계속

더 큰 나무로

자라고 있어

살아버리는 힘, 살아벌이는 짓!

씨앗이 흙을 뚫고 떡잎을 내밀 때, 그것은 세상에 '나는 살아 있다'를 알리는 첫 '드러남'이야. 그러나 드러나는 것만이 결실은 아니란다. 뿌리를 더 깊게 내리고, 줄기를 단단히 세운 후, 꽃은 향과 색을 퍼뜨려 존재를 환히 드러내는 것이 진정 '드러남'이지.

이 '드러남'이야말로 삶이 요구하는 첫걸음이란다.
바로 이 순간이 모든 결실을 가능하게 하는 기본이야.

꽃이 빛을 발하는 순간,
앞서 쌓아온 뿌리·줄기·잎의 모든 드러남이 함께 받쳐주어야만 가능하듯, 사람에게도 이 진리는 다르지 않단다. 건강한 몸을 기르고 지식과 기술을 익히며 경험과 인격을 쌓는 시간, 이 모든 건 선택이 아니라 기본이야. 건너뛸 수 없는 과정이지. 그 시간을 허투루 보낸다면, 이후의 열매는 결코 여물지 못할 거야.

여기 기이한 생명체!
땅콩은!
꽃의 절정에서 정당한 찬란함을 뒤로 한 채,
위를 향하여 뻗어가던 자신의 고개를
스스로 꺾어 땅속 어둠으로 파고든다.

왜 하필 땅이어야 할까...

씨앗이 땅속에만 묻혀 있었다면, 그것은 살아 있는 존재가 아니라 '수천 년간 지하 묘지 속[1]'에 있는 단지 썩지 않는 미라와 다를 바 없어. 그래서 땅콩은 어둠을 뚫었고 빛을 향해 몸을 세워 땅 위로 솟았어. 대부분의 식물은 그렇게 땅 위에서 생을 마감하지.

그러나 아이야,
이 기이한 생명은 멈춰 머물지 않았단다.

굽힘, 내려섬, 파고듦!
바로 이 기가 막히고 결단에 찬 땅콩의 짓.

---

1 '뜨거운 태양빛을 견디며 살아가겠습니까, 아니면 수천년 간 지하묘지 속에서 안전하게 쉬겠습니까?'에서 변용(구도자에게 보낸 편지, 헨리데이빗소로우, 오래된 미래, 2005.)

땅속에서 땅 위로 다시 땅속으로
어둠에서 빛으로 다시 어둠으로
이렇게 땅콩은 사는 게 아니라 살아버린단다.

살.아.버.리.는.힘.

남들이 빛을 향해 솟아오를 때
자신은 고개를 굽혀 단단한 땅을 뚫어야만 했고.
남들이 바람과 곤충의 관심에 웃을 때
홀로 땅속의 고독과 맞서야만 했고.
남들이 드러남의 자리에서 안주할 때
자신은 보이지 않는 바닥으로 더 깊이 스스로를 밀어 넣어야만 했고.

그리하여 끝내 자신을 어둠 속으로 밀어 넣어 여물게 해야만 하는, 그것이야말로 '자연의 제1, 제2의 비밀 곧 동(動)과 정(靜)[2]'의 조화 속에서 결실을 잉태하는 자연법칙을 철저히 따르는 살아버리는 힘이 바로 땅콩의 힘이야.

아이야,
땅을 향한 굽힘은 패배가 아니라

---

2 자기신뢰 철학, 랄프왈도에머슨, 동서문화사, 2020.

자기 몫의 결실을 완성하기 위해
스스로 길을 열어버린 것이란다.

결실이 어둠 속에 감춰진 것 아니냐는 엄마의 의문은 해결됐어. 땅콩의 결실은 직선의 끝에서 맺히는 것이 아니었어. 순환의 원 속에서 동시에 일어나는 사건이었단다.

땅콩의 꽃은 보이는 자리에 피어나고,
열매는 보이지 않는 자리에서 자라.
하지만 그 둘은 떨어져 있으면서도 하나였어.
지상에서의 성장과 지하에서의 성장이 분리된 두 길이 아니라,
하나의 생명이 주고받으며 통과하는 하나의 길이었던 거야.
존재는 숨겨진 게 아니었던 것이지.

위로 솟으며 하늘의 기운을 먼저 품고 동시에 내려앉아 다시 땅의 기운을 더해 드러남과 감춤을 오가며 마침내 열매가 완성되는 생명이 땅콩이었어. '보이지 않는 바닥'으로 내려가야만, 마침내 '보이는 열매'가 여무는 그 진리로써 땅콩은 살아버리는 거야.

결국 결실은,
결코 허공이나 허상에 맺히지 않는단다.

땅콩의 '자방자루[3]'처럼 내가 어디에 서 있느냐가 아니라 내 자리에서 내 뜻이 어떻게 땅의 언어로 살아버리는가가 결실을 이루었지. 땅콩의 몸짓은 세월을 건너 '생명에 각인된 명령'에 따른 존재의 응답이었어.

아이야, 사람도 그러해야 하지 않을까.
이제는 '더 높이'가 아니라, '더 온전히 살아내는' 방향으로 걸어가야 한단다. 뜻을 이룬다는 것은 높이 솟구치는 것만으로 완성되는 게 아니라 보이지 않는 어둠 속에서도 끝내 자신을 여물게 하는 자연의 질서를 따르는 자의 몫이니까. 우리의 태도가 취향이나 기호처럼 보이지만 사실은 자유로운 결단이면서, 동시에 피할 수 없는 운명인 거야.

'삶이 먼저 물었고,
우리는 그 물음에 응답한다[4].'

그렇다면, **태도는**
곧 내 안에 있는 새겨진 뜻과 결에 응답하는 행위가 아닐까.

---

3 일반적인 콩과 식물은 꽃이 피고 나면 그 자리에서 열매가 맺히는 반면, 땅콩은 지상에서 개화한 꽃이, 수정이 이루어지면 '페그(peg)'라 불리는 자방자루가 되어 아래로 길게 자라며 토양을 관통하고 땅속 열매(견과)가 자란다. 이러한 생장 방식은 '지하성 결실(geocarpy)'이라 하며, 식물계에서도 매우 드문 생태적 특성이다(네이버지식백과).
4 '우리는 삶에 질문을 던지는 존재가 아니라, 삶의 질문에 응답하는 존재다.'에서 변용(죽음의 수용소에서, 빅터프랭클, 청아출판사, 2016.)

삶의 열기 속에서 자신을 불태우는 용기만이 전부가 아니야. '드러남'은 높이 오르려는 욕망을 부정하지 않으면서도 그 욕망을 자기 자리의 깊이로 되돌려 보내는 태도에 있지. 그것이야말로 세상이 정한 답이 아니라, 삶이 네게 던지는 물음에 진실하게 응답하며 스스로를 증명하는 방식이란다. 그렇게 '드러남'은 어떤 순간에도 자신을 잃지 않는 태도에서 이룬 성취일 거야. 결국, **태도란 끝내 삶의 질문 앞에서 내가 내놓을 수밖에 없는 응답이야.**

엄마는 종종, 내가 삶을 이끄는 게 아니라 삶이 나를 어디론가 이끌고 있다고 느껴질 때가 있어. 마치 가야 할 자리가 먼저 정해져 있고, 나는 그 자리에 천천히 끌려가며 나만의 방식으로 응답하는 느낌이랄까. 엄마는 그런 감각을 무시하지 않으려고 해. 누구에게 보이기 위해서가 아니라, 태어났으니 어쩔 수 없이 감당하는 것이 아니라, 그냥 사는 것이 아니라, 나를 부르는 어떤 자리 앞에서 내가 어떤 모습으로 살아내느냐, 그걸 묻는 마음이야. 살아 있는 동안, 내가 나로 머물며 나에게 주어진 삶의 자리를 끝까지 완수하는 일일 뿐이야.

그게 땅콩 꽃이 자방자루로 변해 땅으로 고개를 처박아 파고 들어가는 이유와 닮아 있는 것 같아. 겉으로는 낮아지는 듯하지만, 그 안에는 자기에게 몰입하는 힘과 결실을 향한 확고한 방향성의 의지가 담겨 있으니까.

아이야.

엄마가 꿈도 없이 그저 일만 하면서 살고 있는 것 같지. 아니야. 꿈을 미루거나, 방향을 바꾼 게 아니야. 겉으로는 멈춘 것처럼 보여도 실은 지금의 자리에서 엄마의 삶을 다시 짓고 있단다. 너희가 잠든 새벽, 책을 펼쳐 엄마를 다시 불러내며 잃었던 생각의 불씨를 이어간단다. 아무도 알아주지 않아도, 화려한 이름표 하나 없어도, 엄마는 '엄마'라는 이름으로 오늘을 새로 일으키지. 엄마의 새벽은 꿈의 변주가 시작되는 시간이야. 굽힘 속에서도 방향을 잃지 않는 또 하나의 응답이란다.

그래서 엄마는 안다!
땅콩이 땅속으로 굽어 결실을 맺듯,
삶의 깊은 자리로 내려가는 일은 결코 멈춤이 아니라,
나를 더 단단히 여물게 하는 또 하나의 성장이라는 걸.

아이야. 땅콩은 단단한 껍질에 쌓여 있지?
그런데, 왜 땅콩은 열매를 또다시 껍질 속에 감쌌을까?
혹시 그것이야말로 결실을 대하는 마지막 태도가 아니었을까?

땅콩은 땅을 헤집고 깊숙이 파고 들어간
'살아버리는 힘'으로
'살아벌이는 짓'을 했단다.

바로
'결실의 방'을 만들고 있었어.

그 방은 땅콩의 단순한 보호막이 아니라 결실을 함부로 흘려보내지 않겠다는 의지였고 다른 누구도 아닌, 자신의 삶을 품기 위해 스스로 껍질을 짓는 일이었어. 더는 어떤 시선도 닿지 않는 곳에서, 자신만의 방을 창조했어. 그것도 주렁주렁 말이야! 과학은 이 과정을 형성이라 부르지만, 엄마는 이 의미를 '창조'라 부르고 싶어.

아이야,
땅콩이 결실을 감싸듯 우리 삶에도 지켜내야 할 방이 있단다.
누구에게 보이기 위한 성취가 아니라,
흐트러지지 않으려는 태도로 끝내 자신을 온전히 품으려는 뜻.

엄마에게는 돈을 버는 일, 지식을 쌓는 일, 너희를 기르는 일… 참아야 하고, 반복해야 하고, 때로는 내가 나를 잃을 것 같은 시간을 견뎌야 하지. 그러나 그 과정 속에서 엄마만의 방이 만들어지고 있어.

통장에 찍힌 숫자가 아니라, 그 숫자를 품은 깊이.
머릿속에 쌓인 지식이 아니라, 그것을 다루는 지혜.

양육의 수고가 아니라, 그 속에서 길러낸 가치 있는 사랑.

이것은 단순히 삶을 덮는 껍데기가 아니라
누구도 대신 지어 줄 수 없는 고유의 외피이자
내가 어떤 태도로 내 결실을 지켜내고
어떻게 내 가능성을 길러내는지 가장 깊이 남은 증거야.

아이야,
살아버리는 힘은
매 순간 나라는 생명이
자기 생의 질서를 짓는, 살며 '벌이는 짓' 속에서 드러난단다.

이루었다고 끝이 아니다.
그 이룸을 어떻게 품고 다루느냐가
진짜 삶의 품격이지.

너도 언젠가 반드시 삶이 네게 묻는 날이 올거야.
'너는 지금, 네 안의 땅으로 얼마나 깊이 내려가고 있는가?'
그 물음 앞에서
너는 너만의 자리에 서고,
너만의 방을 지어라.

세상이 너를 어떻게 보든,
너의 손으로 너를 감쌀 수 있는 사람,
그런 존재가 되어라.
그 안에서 자라나는 너의 열매는
그 자체로 너의 진실이고, 너의 선언이고 네 삶의 증거니까.

살.아.버.리.는.힘이 너를 움직이게 하고,
살.아.벌.이.는.짓이 너를 창조하게 하길.

지금 이 자리에서,
엄마는 엄마의 하루를 너희는 너희의 하루를 살아버리자.
그 하루들이 모여 자신 안의 생의 순환이 되고,
작지만 단단한 땅콩 한 알의 씨앗처럼
엄마는 흙 위의 우주를, 너희는 너희 안의 우주를 위해
살아벌이는 짓을 해 보자.

살아버리기 위해 살아벌이는 짓이
바로 삶의 태도이자 창조의 품격이란다.

너의 다이몬을 위하여

아이야.

엄마는 요즘 새벽에 일어나 글을 쓰고 있어. 어른이고 엄마지만, 아침 일찍 일어나는 건 어릴 때나 지금이나 힘들어. 강요나 의무가 아닌 자발적 행위기에 매번 마음을 잡아야지. 오늘은 쉴까? 몸이 좀 안 좋은 거 같은데 좀 더 잘까? 아무도 뭐라 하지 않고, 지켜보는 사람도 없는데 혼자 낑낑대는 거야. 하지만 늘 떨치고 일어나는 쪽이 이겨. 왜냐하면 엄마는 꿈을 위해 기꺼이 편안함을 포기했거든.

고통을 좋아하는 사람은 없어. 엄마도 이왕이면 편하게 살고 싶었지. 어렵고 힘든 길보다 쉽고 편한 길을 찾았어. 하루하루 아무 일도 생기지 않음에 감사하며 네가 잘 자라기만을 기도했지. 그런데 마음이 편하지 않더라.

이상한 일이었어. 문제가 없는데 답을 못 찾는 사람처럼 혼자 낑낑대는 거야. 가만히 있다가도 화가 나고, 불안하고, 까닭 없이 눈물이 나기도 했지. 몸도 여기저기 아프기 시작하더라. 그때 뭔가 잘못되고 있다는 것을 알았어. 엄마가 당연하게 생각하고 저항없이 가던 길이 정작 원하던 길은 아니었던 거야.

지독한 고통이 엄마를 찾아왔어. 그건 꿈을 이루지 못하고 죽으면 어쩌지 하는 불안과 힘들어도 끝까지 밀고 나갔어야 했는데 하지 못한 것에 대한 후회였어. 자책과 실망이 밀려오면서 할 수 있었음에도 하지 않았던 일들이 미련으로 남아 있더라.

변화가 필요한 순간이었어.
꿈을 외면한 채 살면서 꿈만 꾸는 사람이 될 것인지,
꿈을 이루기 위해 힘듦을 감수할 것인지 선택해야 했지.

엄마의 꿈이 '소설가'라는 것은 너도 알고 있지? 소설가가 되려면 소설을 써야 하는데, '사느라' 쓸 시간이 없었어. 글을 써야 살 것 같은데, 사느라 쓰지 못한 아이러니였지. 오랜 고민 끝에 시간이 없으면 만들어 보자고 결심하고 실행에 옮겼어. 그것이 바로 엄마가 새벽에 일어나는 이유야. '소설가'가 되고 싶다는 **간절함이**

신체를 굴복시키더라. 일찍 일어나는 습관을 기를 때까지 고통스러웠지만 시간이 지나면서 익숙해졌고, 어느 순간부터 새벽을 즐기게 됐어. 집중해서 글을 쓰기 시작했지. 쓰다 보니 너무 재미있는 거야. 일찍 일어나며 잠과 싸우는 고통을 감수하고, 노트북 앞에 앉아 글을 쓰고 있으면 재미있어. 시간 가는 줄을 몰라. **재미는 고통을 이기더라.**

너는 어떠니?
너 역시 요즘 잠을 줄이며 시험공부를 하고 있지? 공부할 것이 많아서 힘들다는 너에게 "힘들어도 참아."라는 뻔한 말을 하고 싶진 않아. 참는 데도 한계가 있고, 한계에 다다르면 팡! 하고 터지니까. 너의 고통을 엄마는 알 수 없어. 그저 얼마나 힘들지 짐작할 뿐이지. 고통이 없었으면 좋겠다고? 쉽고 빠르게 가고 싶다고? 미안하지만, 엄마도 그 방법은 모른단다. 알았다면 엄마 역시 고통 속에 살지 않았겠지?

살면서 만나는 여러 가지 힘든 상황과 부정적인 감정들을 통틀어 '고통'이라고 불러보자. 슬픔, 무기력, 절망, 실망, 좌절 등이 마음을 어지럽히고 힘들게 할 때 우리는 '고통스럽다'라고 표현해. 고통은 지극히 주관적이고, 다양한 형태라서 개인차가 심해.

외부의 자극에서 오는 고통이 있지. 국가와 사회관습에 의한 강압적인 고통부터 지진과 홍수, 가뭄과 해일 같은 자연재해까지 인간의 힘으로 어쩔 수 없는 고통 말이야. 또한 소신과 신념을 위해 기꺼이 감수하는 고통도 있어. 지켜야 할 것이 있는 사람은 늘 뺏으려는 자들과 투쟁하지. 고통이 필연적으로 따라와.

하지만, 우리를 괴롭히는 고통은 한 방에 팡 터지는 사건, 사고가 아닌 것 같아. 형언할 수 없지만 분명 존재하는, 마음을 짓누르는 감정에서 오는 고통이야말로 고통스럽지. 누구나 인정하고 공감하는 큰 고통이 아니라, 나만 알고 있는 고통이 있어. 엄마는 형체가 없는 그래서 딱히 말하기에 곤란한, 그렇지만 존재하는 것이 분명한 고통, 즉 감정에서 오는 고통에 관해 이야기하려고 해.

너에게 좋은 것만 주고 싶고 무슨 일이 있어도 너를 지켜주고 싶지만, 아무리 엄마라도 그건 불가능한 일이야. 평생 너를 따라다니면서 고통이 올 때마다 너를 감싸 안고 살 수 없단다. 엄마에겐 엄마만의 고통이 있고, 너에겐 또 너만의 고통이 있어.

고통을 만날 때마다 힘들고, 그래서 어떻게든 이기려고 애를 쓰고, 고통에서 벗어나려고 발버둥치는 삶은 생각만 해도 고통스러워. 엄마는 네가 고통 때문에 고통받지 않았으면 해. 고통의 실체를 알고, 고통을 다스릴 줄 알면, 다양한 형태로 오는 외부의 자극에도 현명하게 대처할 수 있을 거야.

그렇다면, 고통은 왜 생기는 걸까?
분명 신경을 건드리는 어떤 자극이 있겠지?
고통은 '원하는 것이 생긴' 그 순간 찾아온다!

무슨 말이냐면, 아프면 고통스럽지? 안 아프고 싶은 욕구, 보고 싶은 욕구가 생겼는데 못 볼 때, 잘하고 싶은데 잘하지 못할 때, 가고 싶은데 가지 못할 때, 이기고 싶은데 질 때. 자, 어떠니? 무엇을 가지거나 누리고자 하는 **'욕구'가 생기는 순간 고통이 따라온단다.** 그러니까 **고통에게 길을 알려주고 찾아오게 만든 건 바로 '너' 자신이야.**

> '자신의 내부에서 생겨난 욕구와 같은 충동은
> 외부 환경을 목표로 한다.
> 그 충동이 투사될 경우 그것은
> 외부에서 발생해서 자신을 표적으로 하는 충동처럼 보인다.
> 그것은 일종의 부메랑 효과이며,
> 자신의 에너지로써
> 자신에게 사정없이 고통을 가하는 결과를 빚는다.
> 자신이 행위를 강력히 밀고 나가는 게 아니라,
> 행동하도록 강요당하고 있다고 느껴진다[1].'

---

1 무경계, 켄윌버, 정신세계사, 2012.

끊임없이 무언가를 추구하는 마음은 변화와 성장을 촉진 시키지. **자기 발전에도 욕구는 중요한 역할을 해. 욕구는 사람을 움직이게 하는 원동력**이야. 따라서 바라고 원하는 것을 이루려 노력하고, 가지려 욕구하는 한 고통은 사라지지 않는단다.

누구에게나 욕구는 있지만, 아무나 욕구를 이루지는 못해. 원하는 것과 현실 사이의 거리가 클수록 고통은 커지지. 욕구와 현실, 머리와 가슴의 거리가 클수록 고통은 크단다. 자극으로 전해진 욕구는 마음에서 먼저 고통으로 느끼지. 그리고는 몸을 강타해. 원인을 알 수 없는 통증이 여기저기 생겨나. 바뀌기를 거부하는 마음이 강렬하게 저항해. 불안과 초조, 걱정과 염려를 먹으면서 힘이 세진 고통이 통증을 무기로 사정없이 때리고 눌러.

포기해!!!
제발 나가떨어져!!!
다시는 그런 생각하지 마!!!

그런데 욕구도 만만치 않은 상대야. 네게는 이미 강렬한 욕구가 생겼고, 어떤 시련과 고통 앞에서도 반드시 이루겠다는 결심이 섰지. 따라서 이 정도의 고통쯤이야 하는 마음으로 이겨낼 수 있어. **그러니까 원하는 것이 클수록 고통의 강도는 세지겠지?**

고통은 욕구와 함께 오고, 욕구와 비례해.

고통과 싸우는 것은 욕구와 싸우는 것과 똑같아. 고통은 싸움의 대상도 아니고, 피할 수도 없는 거야. 너의 욕구가 존재하는 한 고통은 따라올 것이니 고통과 싸우는 것은 무의미하단다. 고통은 네가 욕구하는 순간 찾아온 거잖아. 네가 불러서 온 거야. 그런데 막상 와 보니까 왜 왔냐고 하면서 원망해. '고통 없이 원하는 것을 갖고 싶어.' 하면서 도망가.

너무 고통스럽다고 하면서 명상하고, 달리고, 산에 오르지. 그걸 고통 입장에서 생각해 봐. 고통은 네가 불러서 너의 욕구와 함께 왔어. 네가 변하겠다고 해 놓고서 왔는데, 막상 변하려고 하니 너는 힘들어 죽겠다고 해. 왜 왔냐고 짜증 내고, 너 때문에 고통스럽다고 하면서 화를 내면 고통은 무슨 생각이 들겠니? 기분 나쁘고 화도 나겠지? 그래서 고통도 기를 쓰고 너와 싸우는 거야. 그러다가 도저히 안 되겠다 싶으면 가버려.

그런데
고통은 절대 혼자 가지 않아,
같이 왔던 네 욕구도 데리고 가 버리지.
꿈도 사라지는 거라고.
그것이 포기야.

'나는 살아갈수록 사람들 사이,
즉 강력한 자와 연약한 자, 위대한 자와 시시한 자 간의
엄청난 차이점이 굽힐 줄 모르는 결심,
즉 한번 목표를 정했으면 꾸준히 밀어붙여
죽음이든 승리든 끝장을 보는 힘에
달려 있다는 것을 확신한다.
그런 기질을 가진 사람이라면
누구든지 이 세상에서 무엇이든 성취해 낼 수 있다.
재능, 환경, 기회가 아무리 뒷받침해 준다 해도
이러한 자질이 없다면
설령 직립 보행을 한다 해도 인간이라 할 수 없다[2].'

'포기'는 가장 쉬운 선택이고 더 큰 고통이야. 고통을 피하면 고통이 더 크게 달라붙어. '부득이하게', '어쩔 수 없이'라는 수식어를 앞에 붙이면서 자기변명을 늘어놓지. 포기에 정당성을 갖다 붙이려고 하면 더 큰 고통이 찾아와. 자신이 포기했다는 것을 인정하지 못하고 다시 시작하려니 고통이 두렵고. 그렇게 양방향의 고통을 함께 안게 된단다.

그러니, 아이야. 포기는 조금 늦게 해도 괜찮잖아. 하루 늦춰 포기한다고 달라질 건 없잖아. 억지로 애쓰는 것에도 한계는 있지. 하

---

[2] 자조론, 새뮤얼스마일즈, 비즈니스북스, 2006.

지만 네가 고통에도 포기하지 않고 끝까지 해 볼 결심을 세웠다면, 엄마가 살짝 고통에 대한 비밀을 말해줄게.

일단, **고통이 너보다 크다**는 것을 인정하자.
너에게 온 고통보다 네가 강하다면 너는 고통스럽지 않았을 거야. 충분히 감당할 수 있는 일 앞에서 고통이라는 말을 쓰지 않잖아. 사람들은 강한 것을 추구하고 약함을 숨기지. 고통스럽다는 건 네가 욕구보다 작고, 고통보다 약하다는 말이야.

하지만 네가 약해서 고통에게 가격당했더라도, 오히려 정신을 강하게 단련할 계기가 될 수도 있어. 고통의 가격이 없었다면 너는 네가 뭘 얼마나 할 수 있는 사람인지 알 수 없었을 거야. 폭풍우 몰아치는 바다에서 선장의 실력이 드러나듯이 고통 앞에서 비로소 너의 진가가 나타나지. **고통은 너의 실체를 드러내기 위해 온 하나의 수단**이야.

'언제나 행복한 채,
마음의 고통을 모르고 인생을 보내는 일은,
자연의 다른 부분을 모르는 것이나 마찬가지야. (중략)
만약 역경이 그에게 자신의 정신력을 보여줄
기회를 주지 않았다면
나는 그대를 불행하다고 단언할 걸세.

> 불행했던 적이 한 번도 없었기 때문이지.
> 그대는 적대자가 없는 인생을 보냈네.
> 그대가 무엇을 할 수 있었는지 아무도 알 수 없어.
> 어쩌면 그대 자신도 모를 거야[3].'

세네카는 내가 무엇을 할 수 있는지 알기 위해서 시험이 필요하다고 말했어. 시련과 고통 앞에서 어떤 자세를 취하는지를 보면 그 사람을 알 수 있다고 했지. 그래서 위대한 사람은 오히려 역경을 기뻐한다는구나. 역경은 어렵고, 힘든 일이고, 따라서 고통스럽지만, 그것을 통해 자신이 어떤 사람인지 알 수 있다니 고통이 나쁜 것만은 아니었어. 오히려 나를 위한 거였지.

여기까지만 해석해도 네게 오는 고통이 너를 흔들 힘이 사라졌다는 것을 느낄 거야. 왜냐하면 너는 고통을 겪는 동안 키워졌고, 성장했으므로 고통이 너에게 영향을 미치지 못해. 너를 키운 게 고통이었어. 너의 체급은 커지고, 등급이 올라간 거야. 레벨업이 된 거지. 그렇게 고통은 제 할 일을 하고, 즉 너를 키우고 가 버렸어.

너는 자잘한 고통에는 흔들리지 않지. 영향을 받지 않고 네 할 일을 하는 사람이야. 너를 고통스럽게 하려면 어때? 다음에 오는 고통은 그 전보다 강도가 세야겠지? 체급이 올라갈수록, 결승전에

---

3 세네카의 인생철학이야기, 세네카, 동서문화사, 2016.

가까워질수록 강력한 상대를 만나는 것과 같아.

이제 고통이 너를 키운다는 말을 이해하겠니?
고통이 너를 고통스럽게 한다면,
너는 더 커질 기회라고 생각하고,
고통보다 너를 키우는 데 집중하렴.

고통은 고통의 할 일이 있고,
너는 네가 할 일이 있어.
욕구하는 그 길로
너는 네 일을 그냥 하면 돼.

너는 고통이 가지고 온 두 가지 길 중에 욕구로 가는 길을 선택하고, 그쪽에 힘을 써야 한다는 것을 알았어. 네가 고통의 크기보다 너를 키워버리면 고통이 고통스럽지 않다는 엄마의 말도 이해했니?

그렇다면 하나 더
실력이 비슷한 상대를 이기려면 뭘 해야 하지?
맞아. 상대보다 더 빨리 치고 나가야 해.
빠른 속도로 성장하는 거야.

주변 환경과 같은 속도로 움직이면, 계속 같은 장소에 머무를 수밖에 없겠지? 다른 곳으로 가기 위해서는 최소한 두 배는 빨라야[4] 한단다. 마찬가지로 네가 고통을 떨쳐버리려면 고통보다 빨리 커져야 하겠지? 고통이 너를 키우기만 할까? 아니, **고통은 너를 키우기도 하지만, 너의 힘을 테스트하기도 해.** 얼마나 잘하는지 보려고 매번 다른 고통이, 점점 강한 고통이 찾아와.

'자연이 우리에게 역경과 재난을 주는 이유는
그 역경을 딛고 일어나
새로운 투쟁을 시작하는 사람을 골라내기 위한 것이다.
어려움을 이겨낸 사람은
운명을 지배하는 사람으로 선택되어
인류에게 중대한 업적을 남길 지도자로 키워질 것이다[5].'

아이야,
너의 운명을 지배하는 사람이 되기 위해 고통을 지배하렴. 고통은 계속 더 큰 크기로 네게 다가올테니 어떤 고통이든 너를 키우는 데 사용해. 그럼 너는 계속 크고 강한 사람이 되는 것이야. 그렇다면, 지금의 고통 다음에 더 큰 고통을 위해 넌 늘 훈련하며 너를 키워내면 되지 않을까?

---

4 같은 자리에 머물기 위해서조차도 두 배로 더 빨리 뛰어야 한다는 것이 레드퀸 이론의 핵심이다. 레드퀸 이론("A New Evolutionary Law", Leigh Van Valen, 1973, Evolutionary Theory, Vol.1, pp.1-30)
5 당신의 기적을 깨워라, 나폴레온힐, 국일미디어, 2002.

고통을 자신을 키우는 데 사용하는 사람은 고수,
다음 고통이 오기 전에 미리 대비하고 훈련하는 사람은 초고수.

미래에 올 더 큰 고통을 알고 있기에
기꺼이 지금의 작은 고통을 감수하지.
현재의 고통이 미래의 고통을 해결해.

고통을 극복하고, 원하는 것을 이루기란 결코 쉽지 않은 일이지. 누구나 할 수 있는 쉬운 일 앞에 고통이라는 이름을 붙이진 않아. 어렵고 힘들기 때문에 고통스럽고, 그럼에도 불구하고, 그것을 해냈기 때문에 대단한 거야. 고통을 고통으로 받아들이지 않고, 고통의 의미를 해석할 줄 안다면, 더 나아가 고통을 미리 예견한다면, 너는 고통을 끌어당겨 쓰는 초고수가 된단다.

드디어 고통의 끝이 보이는구나.
고통을 재미가 이긴다고 했던 엄마의 말을 기억하니? 엄마의 친구에게 새벽에 일어나 서너 시간씩 글을 쓴다고 했더니 '힘들겠다'고 하더라. 그래서 힘이 하나도 안 든다고 했어. 물론, 아침에 일찍 일어나는 게 쉽지는 않아. 말했잖아. 일어날 때마다 갈등한다고. 몇 시간씩 앉아 있으면 몸이 비명을 질러. 제발 이러지 마!! 나 좀 살려줘!! 하고. 그런데 노트북 앞을 떠날 수가 없어. 글을 쓰는 게 너무 재밌거든. 재미있어서 멈출 수가 없어.

재미있으면 아픈 것도 몰라. 재미가 고통을 이기는 거야.

'일의 경과를 듣고 플라톤에게 편지를 보내
자기에 대해 나쁘게 말하지 말아 달라고 당부했다.
플라톤은 이에 답하기를,
자신은 디오니시오스에게 신경을 쓰고 있을 정도로
한가롭지가 않노라고 했다[6].'

디오니시오스를 '고통'이라는 단어로 바꿔보자. 그러면 '고통에 신경 쓸 만큼 한가하지 않다.'라는 말이 돼. 당장 해야 할 일이 있고, 그것을 하느라 바빠서 고통에 신경 쓸 시간이 없다는 뜻이지.

진짜 재미있는 게 뭔지 알아?
고통은 반드시 자기가 괴롭혔던 그것을 주고 간단다.
돈 때문에 힘든 사람은 그래도 끝까지 자기를 지켜내면 돈이 생기고, 사람 때문에 힘들었던 사람은 고통 끝에 귀한 사람을 만나지. 고통은 항복하면서, 너에게 온 목적을 자각시키고, 너를 괴롭혔던 그것을 주고 가. 마치 메달을 따기 위해 잘 싸운 선수에게 메달을 걸어주고, 백 점을 맞기 위해 고통스러운 시간을 보내면 100점을 받듯이 고통은 네가 간절히 원했던 바로 그것을 주고 간단다. 그것이 고통이 하는 일이야.

---

[6] 그리스철학자열전, 디오게네스라에르티오스, 동서문화사, 2016.

엄마는 새벽마다 소설을 쓰는 재미를 선택했고, 적응하느라 고통스러웠는데, 그 시간을 참고 견디며 쓰다 보니 소설이 완성됐어. 막연했던 꿈이 구체적으로 보이기 시작한 순간부터 신기한 일이 일어나더라. 고통이 사라진 자리에 시간의 여유가 생기고, 불편한 일이 없어졌어. 일상은 단순해졌고, 엄마는 소설 쓰기에 집중할 수 있었지. 그리고 엄마의 첫 단편 소설집 '당신의 안녕[7]'이 탄생했어.

이제 고통의 끝이 뭔지 알겠니?
그것은 바로 **'성취'**란다.

원하는 것을 얻을 수 있다는 강한 확신과 구체적인 성취는 고통을 잊게 만들어. 고통이 왔을 때, 인정하고 받아들이는 건 쉽지 않은 일이야. 처음은 누구나 어렵고 힘들어. 익숙해질 때까지 고통은 찾아와. 하지만, 네가 고통보다 더 빨리 힘을 키우면, 고통스러워도 네가 할 일을 멈추지 않으면 재미있는 순간이 찾아와. 고통스러운데 재미있어. 그래서 계속하게 돼. 반복하다 보니까 익숙해지고, 잘하게 돼. 그러면 멈출 수가 없어.

이미 고통은 사라졌고, 너는 손만 뻗으면 네가 원하는 것을 가질 수 있는 사람이 되었어. 그렇게 너는 결국 '해내는 사람'이 된단다.

---
7 당신의 안녕, 문수진, 건율원, 2025.

고통이 온 것을 일단. 인정
고통이 할 일이 있다는 것도. 인정
고통은 고통의 일을 할 때 나는 나의 일을 한다. 인정
고통이 오지 않을 때보다 더 집중해서 한다. 인정
지금 해야 할 것을 그냥 한다.

인생에서 고통은 떼어낼 수 없고, 필요한 것이라 해도 고통스러운 순간이 오면 힘들지. 머리로는 고통을 이해하지만, 행동으로 하는 것은 힘든 일이야.

그래서 의식적으로 '생각하지 않는' 훈련이 필요해. 예전의 엄마는 골치 아픈 일이 생기면 머리부터 아팠단다. 머리를 싸매고 누웠어. 왜 이런 일이 나에게 생겼을까에 집중하느라 정작 일을 해결할 생각을 하지 못했지. 고통을 더 고통스럽게 받아들였던 거야. 그랬더니 고통이 달라붙어서 나갈 생각을 안 하더라.

생각할수록 고통스럽다면 생각하지 않거나 생각을 바꿔야겠지? 절로 떠오르는 생각은 하지 않으려고 할수록 더 하게 돼. '코끼리를 생각하지 말아야지 하는 순간, 코끼리 생각만 나잖아[8].' 생각하지 않는다는 것은 불가(不可)해.

---

8 코끼리를 생각하지 말라고 해도 코끼리를 떠올리게 되는 인지 현상(코끼리를 생각하지 마, 조지 레이코프, 와이즈베리, 2018.)

고통스럽다는 생각이 들면,
고통이 감정을 장악하기 전에 얼른 생각을 멈춰.
부정이 담긴 감정적인 말을 사용하지 말고,
고통이 끼어들 시간을 주지도 말고,
당장 해야 할 일에 집중하는 거야.

고통이 왜 왔을까? 어떻게 고통을 몰아낼까? 혹은 벗어날까? 하는 생각에 빠지지 말고 '아, 고통이 왔구나. 이번에는 무슨 일을 하려고 왔니? 너는 그럼 너의 할 일을 하렴. 나는 내가 할 일을 할 테니.' 하고 고통을 밖에서 바라보면, 고통이 와서 무슨 일을 할지 보인단다. 그게 보이면 다음에는 어떤 고통이 올지도 예견할 수 있어.

고통스러운 감정이 침입했다.
감정의 힘을 잃은 정신에게 멈추라고 명령한다.
하던 일, 해야 할 것들에 집중한다.
고통은 충분히 할 일을 하고 사라진다.
고통이 온 이유를 해석한다.

정신이 달라지면 해석이 달라지겠지. 감정이 넘치는 상황에서 정신을 차리는 건 어려운 일이야. 하지만 정신을 차려야 해석할 수 있고 해석이 되면 고통스럽지 않아.

정신이 달라지면 해석이 달라지고,
해석이 달라지면 행동이 달라지고,
행동이 달라지면 결과가 달라지고,
결과가 달라지면 감정이 달라지고,
감정이 달라지면 고통은 사라지지.
감정과 정신의 선순환으로
너는 고통이 마련한 선물인 '성취'를 얻게 된단다.

기억하렴. 연습이 아니라 훈련이야. 훈련은 연습보다 강압적이고, 일률적이고, 의무이며, 약속이지. 그래서 실행이 어렵고, 꾸준히 이어가는 것도 힘들어. **중요하고 필요한 것들은 쉽게 얻을 수 없단다.** 자신의 힘으로 힘들게 가져야만 소중히 여길 줄 알게 되지. 고통은 너를 힘들게도 하지만, 성장을 위해서 반드시 필요해.

'그대가 고통을 이기지 못하면,
고통이 그대를 이길 것이다. (중략)
우리가 도망치면 적이 더 악을 쓰며 추격해 오는 것과 같이,
고통도 우리가 그 밑에 떨고 있으면 더욱 거만해진다.
고통은 잘 버티는 자에게 더 순해질 것이다.
고통에 대항해서 마음을 긴장시켜야 한다.
물러나거나 뒤로 빼면,
고통은 우리를 위협하는 파멸을 불러온다.

> 육체가 굳어질수록 짐을 지기에 더 든든하듯,
> 마음 역시 그렇다[9].'

아이야, 고통을 모르면 자만에 빠지기 쉽고, 고통에 함몰되면 미래가 보이지 않는단다. 고통을 통해 상대를 이해할 수 있는 아량이 생기고, 고통이 왔을 때 비로소 능력을 내보일 기회가 생기므로 고통을 만나지 못한 걸 기뻐하는 것은 어리석은 일이야.

진흙이 깔린 연못을 한바탕 휘저으면, 연못은 금세 뿌옇게 변하지. 그때는 연못 안에 뭐가 있는지 보이지 않아. 시간이 지나면 무거운 것들은 바닥에 가라앉고, 물은 투명해져서 안이 훤히 보이지. **고통은 고요한 연못의 바닥을 휘젓는 막대기야.** 고인 물은 썩게 마련이지, 연못을 뒤집으면 순간은 혼란스럽지만, 연못 입장에서는 좋은 기회야. 연못 바닥의 퇴적물을 교란해서 영양분을 순환시키고 생태계 구조가 변할 수 있지. 연못을 휘젓는 막대기처럼 고통 또한 네 인생을 바꿀 기회가 될 수 있어.

> '나를 집어 던져
> 네가 원하는 곳으로 어디든 던져라
> 나는 거기서도 내 다이몬[10]을 평정하게 유지할 것이다[11].'

---

9 나는 무엇을 아는가, 몽테뉴, 동서문화사, 2005.
10 스토아 철학에서 다이몬(Daimon)은 '수호자 영', '인간의 이성', '양심', '내면에 있는 신의 목소리'. 즉 '진정한 내면의 자아(superego)'를 의미한다.
11 자기 자신에게 이르는 길, 마르쿠스아우렐리우스, 그린비, 2023.

고통은 네가 어디를 가든 따라온단다. 네가 생각지 못한 모습으로, 예상치 못한 시간에 너를 찾아오는 고통을 너는 피할 수도, 막을 수도 없어. **고통스럽다는 감정에 함몰될 것이 아니라, 고통 너머의 것을 볼 줄 아는 시선이 필요해.** 해석에 따라 고통은 스스로 힘을 가하기도 하고, 힘을 빼기도 하지. 그것을 결정하는 것이 바로 해석의 힘이고, 그것은 너만이 할 수 있단다.

고통의 강도와 속도를, 나아가 끝을 좌우하는 정신의 힘은 너에게 있어. 고통을 정신으로 해석할 수 있다면, 고통을 더 이상 고통이라 이름 붙이지 못할 거야. 그때 네게 찾아오는 감정이 바로 평정심이란다.

아이야,
삶은 나아감이야.
나아간다는 것은 늘 새로워진다는 의미겠지?
낡음을 벗겨버려야 새로움의 자리가 생긴단다.
그러려면 아파. 고통스럽지. 힘들지.
욕구는 성장과 변화를 원하고,
그래서 고통과 함께 온단다.

방법과 수단을 가르쳐주면 당장은 편하겠지만, 얼마 지나지 않아 나태와 자만이 찾아오니 엄마는 너에게 쉬운 길을 가라고 하지 않을 거야. 힘에 벅차다고 외면하거나 도망치지 않고 힘들어도 고통스러워도 해석해 보는 거야. 고통이 너를 미워해서 괴롭히려고 온 것도 아니고 너에게만 찾아오는 것도 아니란다. 고통은 네 욕구를 위해 와야 하니까 온 거야.

누구에게나 고통은 찾아오지만,
아무나 고통을 해석할 수 있고 고통을 지혜롭게 사용하지 못해.

평생 따라다닐 고통이라면 받아들이고 인정하고,
해석한 후에, 너만의 방식으로 고통을 대하자.
고통 뒤에 서지 말고, 고통 앞에 서는 거야.
가만히 있다 당하지 말고, 예견하는 거지.

고통의 끝에 뭐가 있는지 잠깐 생각해 보렴.
어때? 이제 고통의 다른 얼굴이 보이니?
그렇다면, 그 길을 믿고 가보는 거야.
엄마는 너의 결정을 언제나 응원하고 있다는 것을 기억하렴.

무궁화꽃이 피었습니다

눈 꼭꼭 가리고 돌아서

점점 빨라지는 소리 낸다

무　　　　궁　　　화　꽃 이 피었습니다

살금살금 다가서는 아이

성큼성큼 뛰어오던 아이

술래 될까 꼼짝 얼은 아이

세월이 흘러 다시 부른다

무궁화 꽃 이 피　 었　 습　 니　　　 다

이제 되돌아 봐야 하는데
이제 뒤돌아 봐야 하는데

텅 빈 세상만 마주할까 봐
차마 뒤돌아서지 못해도

사람은 다시 아이스럽게

무궁화꽃이 피었습니다
아이 꽃이 피었습니다

난장(亂場)을 장난으로! 장난을 놀이로!

아이야,

네가 아빠에게 붙여준 별명들 있지?

'엄근진[1]', '진지충[2]', '쉰생아[3]'.

들을 때마다 피식 웃음이 난다. 맞아, 다 맞는 말이야. 아빠는 자주 엄숙했고, 더 자주 진지했지. 늘 뭔가 의미 있는 걸 남겨야 한다는 강박, 남들에게 흠 잡힐 데가 없어야 한다는 병적인 집착, 남들과는 다르다는 교만한 착각에 빠져서 웃음이 줄어든 사람이었거든.

---

[1] 원래는 별로 중요하지 않은 사안에 대해 감정 몰입을 과하게 하여 진지하게 따지는 사람들을 조롱하는 단어. 그런 모습을 비꼬거나 똑같이 흉내를 내면서 놀릴 때 많이 사용.
[2] '진지하다'의 어근 '진지'에 속어 '충'이 결합하여 형성된 단어로 매사에 진지한 사람을 지칭하는 단어.
[3] 나이가 50이 넘어서면서부터 새벽에 일어나기 위해 일찍 잠드는 수면 패턴을 가리켜 마치 신생아 같다는 의미로 가족들이 붙여준 별명.

그런데 신기한 건 말이야.
'쉰생아'

특히 이 별명이 요즘 좋다는 거야.
쉰이 넘으면서 다시 태어난 아기처럼
뭐든 다시 시작할 수 있는 사람!!!
그래서 '쉰생아'는 아빠의 요즘을 가장 대변해주는 단어 같아.

아빠가 출간 준비하는 거 알지? 그래. 글벗들과 자녀에게 남길 '정신의 유산'에 대해 함께 고민하며 글을 쓰고 있어. 각자 자신이 유산으로 남길 키워드를 하나, 둘씩 선택해서 말이야.

그런데 아빠가 선택한 키워드가 '놀이'야.
아니, 선택했다기보다 그냥 아빠 안에서 쏟아져 나왔어.
너무 당황스러웠지.
'놀이'라니,
엄근진, 진지충 아빠의 입에서 튀어나올 만한 단어는 아니잖아.

아빠 안에서 쏟아져 나온 '놀이'라는 단어 하나 붙잡고 수십 번 쓰고 고치기를 반복하면서 이 편지를 써내려 가고 있지만 술술 써지지는 않아. 하지만 무엇보다 아빠 스스로에게 되묻기 시작했어.

왜 하필 '놀이'일까?
내게 '놀이'는 어떤 의미일까?
나는 정말 '놀이'를 아는, '놀 줄 아는' 사람일까?

그러다 어느 날 새벽,
아빠도 한때는 에머슨이 말한 '천재[4]'였다는 사실을 알아냈지! 심장이 뛰었어! 매일 아침 눈을 뜨면 '오늘은 어제보다 더 재밌을 거야!'라는 확신이 온몸을 감쌌어. 그건 그냥 생각이 아니라, 세상을 향한 나의 선언이었지. 내가 먼저 그 선언대로 움직이면, 놀랍게도 세상이, 그때의 친구들이 그 선언에 화답했었거든. '네가 믿는 것이 진실[5]'이라는 에머슨의 말처럼, 나의 놀이는 세상을 움직이는 믿음의 증거였던 거야.

아빠 어렸을 때 말이야. 숲속에는 우리만의 '본부'가 있었어. 동네 뒷산 큰 바위 옆에 나무를 주워서 벽처럼 만들고 쌀 포대를 문처럼 내리 걸었지. 펄럭이던 그 쌀 포대를 열고 숲속으로 나서기만 하면 어떤 세상으로도 다 갈 수 있을 것만 같았지. 또 다른 본부는 골목이었어. 비석 치기, 자치기, 구슬치기, 딱지치기. 숨바꼭질, 무궁화꽃이 피었습니다처럼 매일 비슷한 놀이였지만, 매일 새롭고 신이 났었지.

---

[4] 랄프왈도 에머슨은 '당신 자신의 생각을 믿는 것, 당신이 진실이라고 생각하는 것이 모든 사람에게도 그대로 진실이 된다고 믿는 것'이 천재의 행동이라고 했다. (자기 신뢰, 랄프왈도에머슨, 현대지성, 2023.)
[5] 자기 신뢰, 랄프왈도에머슨, 현대지성, 2023.

영하로 떨어지는 겨울에도 아빠는 놀이를 멈추지 못했어. 무척 추웠지만, 너무 뜨거웠어. 움직이는 겨울 본부였던 얼음 뗏목을 만들어 둥둥 떠다니며 놀았지. 그런데 그보다 더 재밌었던 건 말이야. 미끄러운 뗏목 위에서 쓰러질 듯 위태위태한 팽이를 살려냈을 때는 심장이 터질듯한 희열에 친구들끼리 서로 부둥켜안다가 물에 빠지기도 했단다! 그래도 추운 줄을 몰랐었지.

왜냐면, 그 시절 아빠에게는 사명이 있었거든. 세상을 구해야 한다는 사명. 우주를 지켜야 한다는 사명. 그렇게 아빠의 '본부'는 세상을 지키는 왕국이었고, 우주를 구하는 사령부였지. 아빠는 여름에는 숲속 세상을, 겨울에는 얼음 왕국을 지키는 전사였고, 우주 사령부의 영웅이었던 거야.

"밥 먹어라~~!" 할머니의 이 한마디는 전사도 영웅도 꼼짝없이 포박당하는 무서운 명령이었지만 언제나 집으로 들어가야 하는 그 짧은 길은 늘 타는 갈증으로 가득했단다. 그래도 그날의 놀이 성과들을 신발장 옆에 수북하게 쌓아 두는 것만으로도 갈증은 조금 가라앉았지. 꿈속에서도 딱지를 치고, 구슬을 튕기고, 무궁화꽃을 피울 수가 있었거든.

맞아.
그때나 지금이나 아이들은 놀 때 가장 반짝거려.

> '나는 지금 나의 영혼을 무엇에 쓰고 있는가? (중략)
> 그리고 나는 누구의 영혼을 가지고 있는가?
> 어린아이의 영혼인가?
> 허약한 여자의 영혼인가? 가축의 영혼인가?
> 폭군의 영혼인가? 또는 들짐승의 영혼인가?[6]'

지나고 보니 알겠더라. 단순히 어려서가 아니야. 자기 안에 원래 가지고 있던 본성을 잘 끌어내어 제대로 쓰기 때문이었어. 매일 꺼내 쓰니까 매일 단련이 될 수밖에 없는 '노는 근육'. 그리고 보면 '본부'에서 사시사철 놀았던, 그때의 아빠도 '노는 근육'을 마음껏 썼던 아이였어.

어렸을 적의 '노는 근육'이 아빠는 그리웠나 봐.
지금도 그 근육을 다시 살리고 싶어.

이제 제대로 '쉰생아'가 된 아빠는 새벽마다 발코니에 앉아 책을 읽고 글을 가지고 놀아. 그 시간만큼은 나만 알고 있는 '비밀 서버'에 접속하는 기분이야. 모두가 잠든 사이, 세상을 독차지한 아이처럼 마음껏 뛰어노는 시간이지. 숲속, 골목, 얼음 뗏목을 지나 오래 흘러온 아빠의 놀이터가 이제는 우리 집 발코니로 옮겨진 것뿐이야.

---

6 명상록, 아우렐리우스, 동서문화사, 2017.

새벽은 평소의 아빠라면 쉽지 않았을 '다른 어떤 것, 더 아름다운 것, 더 고상한 것, 더 위험스러운 것[7]'까지 뭐든 상상하면서 내가 오로지 주인이 되는 시간이었어.

아빠가 새벽에 발코니에서 책을 읽고 글을 쓰다 보면 어느 순간, 주변의 모든 공간은 사라지고 낯선 세상으로 향하는 문을 자주 만나. 그 문을 열면 과거 숲속 본부에도 닿을 것 같고 골목길도 만날 것 같고, 얼음 위에서 다시 뒹굴 수도 있을 것 같아.

13층에 떠 있는 신비한 비밀이 가득한
공중정원 같은 아빠의 서재는
아빠의 과거와 현재를 이어주는,
경계 없는 자유의 본부가 되어 주고 있단다.

그렇게,
그때의 저녁은 지금, 성찬의 새벽이 되었고
그때의 숲속은 지금, 자유의 발코니가 되었고
그때의 산길은 지금, 무한한 사유의 길이 되었고
그때의 별빛은 지금, 꿈을 그리는 금빛이 되었고
그때의 함성은 지금, 나와 삶을 쓰는 울림의 활자가 되었단다.

---

7 호모루덴스, 요한하위징아, 연암서가, 2018.

그때의 사명감이 아빠 존재의 굳건한 축으로 세워지고 있어. 금빛 옷을 입은 활자들이 한참 잠들어 있던 과거의 왕국 속 전사들을 깨우면서 말이야. 그리곤 아빠에게 신비한 비밀을 알려줬지.

'놀이'란
스스로의 규칙으로
시간과 공간을 창조하고
끝날 때는 늘 아쉬움이 갈증으로 남는
내게 가장 짜릿한 자유의 행위라는 사실을 말이야.

결국,
반드시 내가 **주체**가 되어,
강제가 아니라 자율적인 **규칙**으로,
아무리 피곤해도 시들지 않는 **감각**으로,
시간과 공간을 넘어 언제나 스스로 **창조**하는,
반드시 더 놀고 싶은 안타까운 **갈증**으로 끝을 맺는,
그렇게 나에게 가장 짜릿한 순간들의 연속이어야
그것이 '**놀이**'란다.

그러니까 놀이의 왕국을 지탱하는 다섯 기둥은 바로 **주체, 규칙, 감각, 창조, 갈증**인 거야. 이 다섯 기둥이 내 안에서 단단하게 세워질 때 진짜 자기만의 놀이이고, 그 결과 '노는 근육'은 끊임없이 단련되는 것이야.

놀이는 주어진 틀 안에서 단순히 노를 젓는 선원이 아니라, 스스로 키를 잡고 판을 벌이는 '선장'이 되는 행위야. 규칙은 놀이를 가두는 벽이 아니라, 자유를 가능하게 하는 울타리고. 맨땅에 선 하나 긋는 순간 거기가 곧 경기장이 되고, '골대는 벤치 다리 사이' 같은 약속이 생기면 놀이가 진짜 살아나지. 그때 우리는 단순한 참여자가 아니라, 자기 세계를 직접 만들어가는 주체가 되는 것이란다.

놀이의 진짜 힘은 감각과 창조, 그리고 갈증에서 나오지. 몸으로 부딪치며 남긴 땀 냄새와 소리, 손끝의 감각은 놀이를 단순한 기억이 아닌 '다시 살아나는 경험'으로 만들어 줘. 창조는 떠오르는 것을 막지 않고, 지나가는 순간을 붙잡는 기술이고, 갈증은 '다음이 궁금해서 멈출 수 없는' 생동감을 불러일으키지. 그래서 놀이는 끝이 아니라 계속 이어지는 삶의 리듬이자 율동이야.

그런 리듬 속에 요즘 새벽마다 새로운 놀이에 빠져 지내다 숲속에서, 골목에서, 얼음 뗏목 위에서 뛰놀던 아빠의 '어린 나'를 다시 만나고 있어. 그렇게 다시 만난 '어린 나'와 이야기를 나누다 보니 이런 생각이 들더라.

'아, 세상의 모든 사람은 자기자신의 부모구나'

왜냐하면 누구나 자기 안에 '어린 나'를 데리고 살고 있기 때문이지. 다만, 어린 아빠와 나이 든 아빠로 나뉠 뿐이더구나. 그러면서 잊고 있던 사실을 알게 되었어.

인간은 예전부터 '무엇을 먹을까'만큼이나 '오늘은 뭘 하며 놀까'를 고민해 온 존재였다는 것을. 어쩌면 그건, 아이에서 자라온 우리가 태어나면서 지니고 있던 '노는 근육'을 계속 키우려는 본능적인 시도인지도 몰라.

새벽에 책 읽고 글 쓰며 놀다 보면, 놀이가 생존을 유지한 뒤에 따라오는 여분의 활동이 아니라 제대로 된 생존을 위해 꼭 필요한 행위라는 게 느껴지거든. '놀이가 문화보다 더 오래되었다[8].'는 말은 괜히 나온 게 아니었어.

그런데 어른이 되면 사정이 달라져. 책임과 역할, 의무만 쏟아지는 자리에 계속 내던져지다 보니, 자연스레 놀이터를 잃거나 잊게 돼. 그러면서 '노는 근육'이 점점 녹아내려 사라진 것처럼 느껴지는 거야. 그래서 놀 시간이 없다고, 방법을 모른다고, 이제는 못 놀겠다고, 어른이 뭘 노냐고, 그래서 노는 대신 쉬려고만 하지. 그렇게 스스로를 '어른'이라는 핑계로 일과 관념에만 가두게 돼. 아빠는 그것을 이렇게 부르려 해.

---

[8] 호모루덴스, 요한하위징아, 연암서가, 2018.

난장(亂場)

어지럽고 뒤엉켜 뒤죽박죽인 곳,

눈치와 피로가 오가는 술자리
좁은 야망을 파고들어야 하는 시험장
'나'는 사라지고 역할만 남은 숱한 모임
쉴 틈 없이 메일과 알림이 울려대는 사무실
성과와 실적으로 나를 증명해야 하는 회의실
끊임없는 비교와 눈치 싸움이 벌어지는 SNS 피드
각종 경조사와 관계 유지에 감정을 소모하는 휴일...

이 난장 속, '노는 근육'이 퇴화하다시피 한 우리는 공허함과 피로를 달래기 위해 '쉼'이라는 이름의 마취제를 찾기도 해. 멍하니 TV를 보거나, 의미 없이 스마트폰 화면을 넘기는 행위를 '휴식'이라고 여기면서 말이지. 사실 그것은 잘 놀고 있다고 착각하는 '정신의 방치'야.

쉼이 육체의 피로를 잠시 잊게 할지는 몰라도, 영혼의 허기를 채워주지는 못하니까. 오히려 깊은 공허와 무력감만 남을 때도 종종 있거든. 벼르던 여행을 다녀와도 채워지지 않는 무언가가 계속 가슴 한 켠을 맴도는 것처럼 말이야.

맞아. '아이'를 벗어난 이후 우리 삶에서 맞닥뜨리게 되는 것은 모두 난장이야. 그렇다면, '어른'이 된 우리는 새로운 놀이터를 이 난장 속에서 찾아야 할지도 모르겠다.

그러니!
뒤집어서 생각해 보자!

우리가 도망치고 싶어 하는 그 난장이야말로,
어른인 우리에게 허락된!
유일하고도 가장 장엄한 놀이터로 변신될 수 있다고!

우리의 삶의 실체는 불편하지만, 그 속에서 만들어지잖아. 먹기 위해, 보기 위해, 만나기 위해, 얻기 위해, 키우기 위해, 달리기 위해, 통과하기 위해, 멈추기 위해, 배우기 위해서 말이야.

오늘 만난 이들을 순서대로 떠올려 봐. 분명, 이런 난장에서도 즐기며 노는, 말 그대로 **'놀 줄 아는 어른'**들이 있거든!. '어린 나'가 선천적으로 지닌 '노는 근육'을 짱짱하게 단련한 놀이 천재들이 난장마다 존재해. 무조건 있다니까.

멀리 가지 말고, 아빠를 봐줄래?
아빠도 놀이 천재라고 했지?

어릴 때 숲속 본부에 매달려 있던 쌀 포대가 지금의 발코니 문손잡이가 되었을 뿐이지. 분명 그때도 난장이었지만 놀았었어. 포기하지 않고, 계속 놀았었어. 그런데 그게 어떻게 가능했을까?

돈이 많아서?
시간이 많아서?
친구가 많아서?

아니야. 어느 때고 이 세 가지는 늘 풍족하지는 않았어. 무엇보다 이것들이 넘쳐난다고 제대로 놀 수 있는 것도 아니잖아. 그러니 걱정하지 마. 난장에서도, 숲속과 골목, 얼음 뗏목 위에서처럼 제대로 놀 수 있는 조건은 이것들의 많고 적음의 문제가 아니거든. 중요한 건 앞에서 말한 놀이의 5가지 조건이 자신의 난장 안에서 채워지고 있는가, 이게 포인트란다.

나의 하루에는 이 다섯 가지가 있나? 나한테는 뭐가, 얼마나 있는지에 대해 스스로 어느 정도로 대답할 수 있는지가 중요해. 그 '정도'와 '강도'가 내 삶의 놀이에 있어 양적, 질적 가치를 결정하는 기준이 되는 것이지.

그걸 알아보기 위해서는 다시, 이 다섯 가지를 되짚어 보자.

그때 주체가 누구였는지
그때 자기만의 규칙이 적용되었는지
그때 동물적인 감각은 늘 살아 있었는지
그럼에도 스스로 제시간에 깨우고 제 곳에 다시 세웠는지
행동의 끝에, 진한 갈증으로 다시 놀고 싶다는 마음을 다졌는지!

아이야,
앞에서 말한 놀이의 다섯 기둥을 이미 가지고 있다면 너는 네 안의 '어린 나'를 여전히 데리고 잘 놀고 있는 것이란다. 본능에 따라 타고난 '노는 근육'을 잘 단련하고 있는 것이지.

하지만 없다면? 지금 다시 시작하면 되지! 네 안에 있는 아이의 '노는 근육'을 다시 단련해 보는 거야. 이렇게 3가지만 바꿔보렴!

'실패'를 '실험'으로 바꾸렴!
아주 오래전. 아빠가 난생처음 100명 가까운 교사들 앞에서 발표했을 때, 준비한 자료가 먹통이 되어 아주 당황스러웠던 적이 있었어. 머릿속도 멈췄어. 하지만 순간, 주제를 '성공 사례'에서 '실패 사례'로 바꾸어 이야기해야겠다 했지. 실패담은 화면 없이도 술술 흘러나왔거든. 그렇게 오히려 큰 공감을 얻었고, 발표를 성공적으로 마칠 수 있었어.

그 경험은 아빠가 전국 강연과 대학 강의를 다니는 삶의 출발점이 되었고, 실패를 기록하고 돌아보는 태도는 지금껏 아빠의 삶을 더욱 흥미롭게 만드는 기술이 되었단다. 이 놀이는 '주체'와 '창조' 근육을 단련시켜.

'문제'를 '미션'으로 바꾸렴!
너 어릴 적 한참 빠져 있던 놀이가 뭐니? 아빤 너와 함께 했던 팽이 놀이가 기억에 아주 강하게 남아. 맞아. 탑블레이드. 너와 그 놀이를 하면서 아빠의 어릴 적 얼음 뗏목 위의 팽이를 새삼 떠올렸었거든. 그때, 넌 해결해야 할 수많은 '문제'를 너만의 '미션'으로 전환했어. 가장 강력한 메탈 블레이드 팽이 조합을 찾아내려고 말이지, 마침내 가장 강력한 팽이를 완성했을 때 너의 눈빛은 세상을 다 가진 듯한 자신감으로 넘쳐났었어. 이를 통해 '규칙'과 '갈증' 근육을 강화할 수 있어.

'타인의 시선'을 '관객'으로 바꾸렴!
어느 해인가 아빠 수업에 홍조증 때문에 발표를 포기한 아이가 있었어. 그런데 얼마 뒤 열린 체육대회에서는 그 반의 이어달리기 선수로 뛰는 그 아이를 발견했거든. 3등에서 2등을 제치면서 결국 결승선을 통과하는 그 아이의 얼굴은 홍조를 찾아볼 수 없을 만큼 맑았어. 그 아이는 분명 타인의 시선을 관객처럼 즐기는 환희에 차 있었단다.

그날, 그 아이에게 타인의 시선은 평가가 아니라 환호와 감동이었어. 우리는 흔히 시선을 냉정한 잣대로만 보지만, 내가 세상이라는 무대를 즐길 때 세상은 기꺼이 가장 열렬한 관객이 되어 준다는 사실을 그 아이를 통해 다시금 깨닫게 되었단다. 이 놀이는 '주체'와 '감각'을 단련하지.

똑똑한 사람은 성실한 사람을 이길 수 없고,
성실한 사람은 즐기는 사람을 이길 수 없어!
그런 의미에서만 봐도 인생을 잘 산다는 건, 결국 잘 논다는 뜻이란다.

장자는 '잘 놀다 가는 것[9]'을 인생의 완성이라 했고, 하위징아는 인간을 '노는 존재(호모루덴스)[10]'라 불렀지. 그 말은, 삶이란 난장의 무질서 속에서 자신만의 질서를 유쾌하게 세워 가는 기술이라는 뜻이 아닐까?

그런데 지금의 세상은 아빠의 어릴 적 세상과 달라. 그땐 숲속 본부나 얼음 뗏목처럼 경계가 분명한 놀이터가 있었지만, 지금은 경계 없는 디지털 난장이 되어 버렸지. 우리는 인류 역사상 가장 거대한 난장 속에 살고 있어.

---

9 홀로서기 철학, 양현길, 진성북스, 2024.
10 호모루덴스, 요한하위징아, 연암서가, 2018.

AI가 인간의 지성을 모방하고 노동을 대체하는 시대.
생각을 대신하고, 심지어 꿈꾸는 방식까지 흉내 내는 시대.
거의 모든 것이 예측되고 최적화되는 세상에서
인간의 마지막 존엄은 어디에 있을까?

아빠는 감히 '예측 불가능한 놀이'에 있다고 말하고 싶어.
그래서 아빠는 더더욱 '놀이'를 이야기하고 싶은 것이란다.

AI는 계산하고 예측할 수 있지만 스스로 놀지는 미지수고, 실패를 데이터로 무한히 학습할 수는 있어도 그것을 새로운 놀이의 출발점으로 삼는 창조적 전복은 불가능해.

놀이는 불확실성과 실패, 우연과 모순을 사랑하는 태도야. 다시 말하지만 삶은 놀이가 돼야 한단다. 그건 감정과 상상, 그리고 존재의 유희가 만들어 내는 인간만의 창조적 본능이지. 기꺼이 자신만의 장난[11]으로 받아치는 태도. 이것이 AI는 결코 흉내 낼 수 없는 인간 고유의 응답 방식이자, 가장 강력한 생존 전략이라는 사실 말이야.

AI가 결코 가질 수 없는 '노는 근육'은
침범할 수 없는 인간성의 최전선이며 근원적 경쟁력이야!

---
11 대한민국 공식 전자정부 누리집 〈우리말샘〉에서 장난은 놀이라고 표현하고 있다. 장난는 '작난作亂', 즉 난장을 만든다는 의미에서 왔다.

아이야,
삶은 난제와 난관의 연속일 수 있어.
그러니 삶은 난장일 수밖에 없고.
하지만 난장을 장난으로 받아치면
장난은 놀이가 되고
놀이는 향유가 되고
향유는 사유로 승화된단다.
그 사유가 네가 태어난 이유대로 살게 하는 가장 확실한 길이야.

네가 어릴 때, 우리 넷이 함께 가꾸던 텃밭에서 아빠한테 이렇게 물은 적이 있었어. "아빠, 방울토마토랑 깻잎 심은 땅 옆, '노는 땅'에는 뭘 심을 거야?" 그때는 네가, 비어 있는 텃밭을 왜 '노는 땅'이라고 말했는지 신경 쓰지 않았었어.

그런데 이제는 그 의미를 제대로 이해할 수 있단다. '놀이'를 잃어가는 중년의 공허. 이 '공허'라 불리는 '노는 땅'에 쉰생아인 아빠는 새로운 사명을 심으려고. 이는 오로지 네 덕이야.

아빠의 사명은
아빠의 '어린 나'가
매일 비밀 서버에 접속할 수 있도록 보살피는 것,
'어린 나'와 함께 '노는 근육'을 제대로 키워내는 것,

그 근육으로 난장 속에서 아빠만의 '노는 땅'을 넓게 일구는 것,
이 과정을 고스란히 너에게 남겨 주기 위해 꾸준하게 기록하는 것!

이제 아빠가 네게 묻고 싶어.
너는 어떤 난장에서 놀고 있니?
그 안에서 어떤 '노는 땅'을 발견했니?

그 땅이 남들에게 황무지처럼 보여도 괜찮아.
그곳은 너만의 본부이자, 다시 태어나는 발코니가 될 테니까.
그곳에서 자라나는 건 단순한 재미가 아니라, 삶을 새롭게 해석하는 너만의 방식, 즉, '사는 일'과 '노는 일'을 구분하지 않는 인간의 본성적인 태도야.

아빠는 이제야 알겠어.
사는 일과 노는 일은 따로가 아니더라.
사는 일이 깊어질수록 놀이는 자유로워지고,
놀이가 진심일수록 삶은 단단해진다.

네가 살아 있는 모든 순간은 '놀이'란다.
너라는 존재의 가장 찬란한 증거는 '놀이'로 증명될 거야.

너의 큰 자원이 되어 줄 가장 쉬운 한 가지

아이야,

학교 다닐 때 친구네 집에 놀러 갔다 와서 네가 말했지. 걔네 집 너무 크고 좋다고, 방도 여러 개에다 거실이 운동장이라 킥보드 타도 될 것 같다고. 그런데 밥은 못 먹고 편의점에서 대충 때웠다고, '엄마가 안 계셨구나' 했더니 그게 아니라고. 라면 끓여 먹으려고 했는데 씻어놓은 냄비도 없고, 무엇보다 앉아서 식사할 자리가 없었다고.

엄마가 왜 이 이야기를 하는지 알겠니?
아주 기본적인 것인데도 잘 안되는,
누구나 할 수 있는데도 안 하는,
그래서 네가 제일 어려워하는 것에 대해 얘기하려고 해.

바로 정리야.

정리 좀 못한다고 큰일 나는 거? 물론 아니지. 근데 어지러운 공간은 시각적으로 '정보 과잉' 상태잖아. 뇌가 많은 물건을 인식하려니까 집중력도 흩어지게 마련이고. 그런 상태에선 스트레스 호르몬인 코르티솔 수치가 높아지고, 불안이나 우울감을 더 쉽게 느끼게 된대. 모르겠어. 엄마는 어질러져 있으면 해야 할 일이 계속 머릿속에 맴돌아서 심리적으로 부담이 되더라고.

'사소'한 일상인 '정리'가 이렇게까지 진지할 일인가?
그리고 깨끗하고 깔끔함이 정리일까?
잔소리 같겠지만, 엄마가 얘기하려는 게 비단 정리만을 의미하진 않아. 모든 것이 반듯하고 깨끗해야 하는 게 아니라 **자기만의 규칙이 있는 정리**여야 한다고 말하는 거야.

혹자는 너무 깔끔한 정리는 오히려 상상의 여지를 주지 않는, 결국은 창의력을 갉아먹는 것이라고도 하지. 사실이야. 아인슈타인, 마크 저커버그, 스티브 잡스 등 천재들의 책상은 무척 혼란스럽고 어지럽대. 근데 이들의 창의력은 넘사벽이잖아. 남들이 보기에 정신없어 보이는 그 더미 속에서 그들은 자료를 찾고 책을 뒤지면서 창의적인 아이디어와 통찰력을 얻어냈던 거야. 오히려 정리되지 않은 그 상태가 이들에게는 자기만의 '실용적인 정리'였던 것이지.

그래서 핵심은 반듯반듯이 아니라 남들이 어지럽다고 해도 당당할 수 있는 자신만의 **'정리규칙'**이 필요하다는 거야. 그런데 가끔 물건을 찾으려면 너는 엄마한테 물어봐야 하고 찾지 못해서 있는 것을 또 사기도 하니 너만의 규칙이 있는 정리가 필요해 보이더라.

가위 때문에 계획을 망친 사람 얘기를 해 줄게.

'제로(zero)섬'이라는 집에 사는 이 사람은 '나중에'라는 습관이 있었어. 물건을 사용하고 나서는 언제나 '나중에'를 외쳤지. 수많은 '나중에'가 쌓인 어느 날, 가위가 필요했어. 그런데 어디에도 가위가 없어. 가위를 찾는 데 시간을 낭비한 그는 결국 사러 나갔지. 사실 한 시간 후에 여자 친구와 약속이 있었거든. 그 날은 특별한 날이라 그녀에게 줄 선물 포장을 위해 가위가 필요했던 거야. 그런데 가위 때문에 시간만 허비한 그는 마음이 조급하고 짜증도 도를 넘었지. 결국 약속 시간에 늦어서 여자 친구에게 연신 사과할 수밖에 없었어. 화가 난 여자 친구는 이 한마디를 남기고 떠나버렸단다. "넌 나와의 사랑도 나중으로 미룰 사람이야!"

그녀도 떠나고 허비한 시간 때문에 시간도 없고, 뭐든 새로 사느라 돈도 없고, 짜증이 지나쳐 좋은 감정도 사라지고... 그래서 그는 제로섬에서 제로인생을 살고 있다는 이야기야.

자기 방식의 '정리규칙'이 세워지지 않으면 감정, 시간, 노동, 돈 모든 것이 낭비돼. 목표를 정하고 네 뜻을 향하는 과정에 늘 찾느라, 사느라 허비가 많아지지. 그러면 늘 뭔가 잘못하는 사람이 되어서 누군가에게 계속 미안하다고 사과해야 할 일이 생겨. 신뢰가 깨지니까 당연히 관계도 삐그덕거리게 되고.

아주 흥미로운 연구 결과[1]가 있어.
청결함이 도덕적 판단과 상관관계가 있대.
청결함과 정리정돈. 당연히 연관이 있겠지?
그렇다면,

정리정돈이 도덕적 판단과 아무 상관없다고는 말할 수 없겠네.
비약인가?
그래도 반박은 안될 걸?

---

1 Zhong, Strejcek, & Sivanathan, 깨끗한 자아는 가혹한 도덕적 판단을 내릴 수 있다, 실험사회 심리학 저널, 2010.
Chen-Bo Zhong 의 연구팀은 58명의 학부생을 티끌 하나 없이 깨끗한 새 장비로 가득 찬 실험실에 초대했습니다. 학생 절반에게는 반짝이는 표면이 더러워지지 않도록 살균 물티슈로 손을 씻도록 했습니다. 이후 모든 학생은 음란물과 쓰레기 투기를 포함한 여섯 가지 사회 문제에 대한 도덕성을 평가했습니다. 손을 닦은 학생들은 닦지 않은 학생들보다 훨씬 더 가혹한 판단을 내렸습니다. 전국 데이터베이스를 통해 모집된 수백 명의 참가자를 대상으로 한 후속 연구에서도 비슷한 결과가 나왔습니다. "머리카락이 깨끗하고 가벼워요. 입에서 냄새가 나요..."로 시작하는 짧은 글을 읽고 깨끗함을 느낀 참가자들은 "머리카락이 기름지고 무거워요. 입에서 냄새가 나요..."로 시작하는 글을 읽고 더럽다고 느낀 참가자들보다 16가지 사회 문제에 대해 훨씬 더 가혹한 도덕적 판단을 내렸습니다. 세 번째 연구는 두 번째 연구와 동일했지만, 136명의 학부생 참가자들에게 지저분한 글이나 깔끔한 글을 읽은 후 지능, 매력, 도덕적 품성 등 여러 요소에 대해 동료들과 비교하여 스스로를 평가하도록 했습니다. 이전 연구와 마찬가지로, 깔끔한 글을 읽은 참가자들은 사회 문제에 대해 더 가혹한 도덕적 판단을 내렸습니다. 결정적으로, 이러한 연관성은 동료들에 비해 도덕적 기량에 대한 과장된 인식에서 전적으로 매개되었습니다. 종과 그의 팀은 '청결 행위는 우리의 도덕적 진자를 더욱 덕성 있는 자아로 바꿀 수 있는 잠재력을 가지고 있을 뿐만 아니라, 다른 사람들에 대한 더 가혹한 도덕적 판단을 가능하게 한다'고 결론지었습니다.

그렇다면 정리의 기본은 뭘까?
사실 미루지 않으면 정리가 필요없어. 가장 쉬운 정리정돈은 모든 것이 제자리에 있는 거잖아. 정리를 잘 하는 사람은 정리할 게 없는 사람이지. 정리를 위해 따로 시간을 낼 필요가 없는 사람 말이야. 그런 사람이 진짜 정리의 달인 아닐까?

> *'사람은 그가 읽은 책과 그가 사귀는 친구와*
> *그의 칭찬의 대상과 옷차림과 취미와*
> *그가 말한 이야기와 걸음걸이와 눈의 움직임과*
> *그의 집이나 방을 보면 알 수 있다 [2].'*

왜 집이나 방을 보면 그 사람을 알 수 있다고 할까?
그건 누군가의 삶의 태도를 볼 수 있는 가장 직접적인 현상이잖아.
그래서 정리는 네 태도이고 네 내면의 외현화야.

엄마가 정리를 이렇게 강조하는 이유는
'시간'과 '사람'과 '돈'이 생기기 때문이야.
정리는 곧 너의 자원으로 쌓이지.

너 친구 만나러 어느 카페에 가니? 정리정돈 잘 된 깨끗한 카페에 가지? 음식점도 마찬가지야. 먹은 그릇이 제때 치워져 있지 않으

---

[2] 자기신뢰철학, 랄프왈도에머슨, 동서문화사, 2020.

면 들어갈 때 주춤거리게 되잖아. 사람이 모이는 곳이면 돈이 모여. 그만큼 정리는 사람과 돈을 끌어 오는 자원이란다. 그러니까 네가 시간, 사람, 돈 이 세 가지를 얻으려면 정리는 중요한 하나의 습관이어야 한다는 말이지.

아, 그리고 또 있어.
브레인 스토밍이나 컨텐츠 회의를 할 때 어디로 가? 아무데나 가지 않잖아. 어떤 작업을 마친 후라면 책상 위를 정리하고 깔끔한 상태로 회의를 시작해. 이건 뭘 의미할까? 독창적인 아이디어를 창출하거나 혁신적인 집중을 필요로 할 때 사전 정리가 그만큼 중요하다는 방증이겠지?

> '그것은 내가 늘 바라던 것이었다.
> 아무것도 소유하지 않고,
> 내 모든 허접쓰레기를 버리고 (중략)
> 원룸에 들어가는 것이다[3].'

앤디 워홀은 외부적 예술세계가 굉장히 창의적인 사람이었어. 그래서 오히려 자신의 개인 생활을 극도로 단순화시켰어. 그는 자기의 모든 정신을 원하는 곳에 올인하기 위해서 원룸에 살고 싶다고 했어.

---

3 앤디 워홀의 철학, 앤디워홀, 미메시스, 2015.

한쪽에 몰입하기 위해서 다른 한쪽을 완전히 포기하는 단순함으로 미니멀리즘을 택한 것이지.

그렇다면 **정리는**
'시간', '사람', '돈' 그리고 '창조적 아이디어'까지 얻을 수 있다고 볼 수 있겠지?

아이야,
이 글을 쓰면서 네게 무슨 말을 하고 싶은지 다시 생각해 봤어. 엄마는 외부가 정리되면 너의 일상도 정리되고 너의 삶도 너만의 질서 위에 세워질 거라고 확신해. 질서 있는 삶이란 어떤 삶일까? 외면과 내면의 정리 상태는 다를 수 있어. 내면이 뒤죽박죽이어도 자기 주변을 잘 정리하는 사람이 있고, 내면에 질서가 잡혀 있더라도 외면이 어지러울 수 있으니까.

그렇지만 외면의 정리와 내면의 정리가 연관되어 있다는 증거[4]들은 많아. 그러니까 엄마는 어느 한쪽이라도 정리된 상태라면 나

---

4 신홍임(2022), 미니멀리즘, 사회적 가치와 행복의 관계, 감성과학, 25권 4호: 연구 1에서는 참가자들에게 비대칭 도형 사진을 제시하고, 버리기 또는 추가의 방식으로 안정감있는 대칭구조로 변환하는 과제를 수행하도록 하였다. 그 결과 버리기의 방식을 많이 사용한 참가자일수록 주관적 행복감이 더 높게 나타났다. 또한 주관적 행복감이 높을수록 내면적 가치추구경향이 더 높게 나타났다. 연구 2에서는 소비지향 또는 미니멀리즘과 연관된 자극을 제시한 후, 물질주의 추구경향, 주관적 행복감 및 사회적 봉사활동의 참여의향을 측정하였다. 그 결과 미니멀리즘이 유도된 조건에서 소비지향의 조건보다 물질주의 추구경향이 더 낮게 나타났다. 또한 버리기의 방식을 자주 사용할수록 주관적 행복감 및 사회적 활동의 참여의향이 더 높게 나타났다. 이 결과는 적게 소유하는 미니멀리즘이 사회적 삶과 행복감을 변화시키는 대안적 삶의 방식이 될 수 있음을 시사한다.

머지 한 쪽이 조금 미흡해도 괜찮다고 생각해. 뭐가 우선순위냐에 따라 다르니까. 외적인 것을 살짝 미뤄두고 꿈의 현실화에 무게중심을 두는 선택도 좋은 방법이야. 반대로 주변 정리정돈에 먼저 초점을 맞추는 것도 다소 부족한 내면의 정리를 자연스럽게 유도할 수 있지.

엄마가 좋아하는 작가의 아이들 얘기를 해 줄게.
A의 딸 a와 B의 아들 b.

a는 너와 비슷한 자유로운 영혼의 소유자야. 그래서 평소 물건 정리는 패스하는 편이지. 방은 천재들의 책상을 방불케 하지만 a는 세계에 대한 호기심에 눈을 빛내며 세상 바쁘게 탐험을 해. a는 자신의 꿈을 향해 거침없이 나아가더니 유럽으로 공부하러 가버렸대. 그리고는 생활의 모든 과정들을 규칙있게 관리한단다. 약속 시간 준수는 기본이고 스케줄 관리도 잊지 않아. 건강한 식단을 위해 직접 음식을 만들고 영양소 하나라도 빠질까 꼼꼼하게 챙겨. 그래서 멀리 떨어져 지내는 엄마의 걱정을 아예 원천 봉쇄해 버리는 야무진 아이란다.

b는 깔끔함의 정석이야. 책상은 물론이고 방도 여느 공주님 방 못지않게 깨끗하게 정리하는 정리남이지. 하지만 그의 엄마는 b의 정리되지 않은 내면을 살짝 걱정하고 있어. 그래도 b는 외부 정리

를 할 줄 아는 청년이잖니. 외부 정리가 된다면 내면의 정리도 시간 문제야. 금방 돼. 그래서 엄마는 b를 믿어보기로 했단다.

엄마도 네가 네 방부터 정리정돈을 잘한다면 내면도 자연스럽게 정리정돈의 수순을 밟지 않을까 기대하고 있어. **내면이든 외면이든 질서있는 한쪽이 질서없는 한쪽을 끌고 가.**

> '잡동사니는 바닥에 널려 있는 물건만이 아닙니다.
> 당신과 당신이 살고 싶은 삶 사이에 끼어드는
> 모든 것을 말합니다[5].'

외부의 잡동사니는 곧 내면의 잡동사니로 이어져. 반면 외부의 질서는 내면의 질서로 연결 돼. 정리 안된 모든 것이 너를 구속하는 외부환경이 되기도 한단다. 엄마는 네가 자유롭기를 바라. 그래서 정리가 필요하고 정리 후 주어질 많은 자원을 네가 누렸으면 해.

아이야,
정리는 잉여야.
잉여에서 자유가 산출되고
결국 정리는 자유를 위한 행위지.
그러니,

---

5 뒤죽박죽 내 인생 정리의 기술, 피터월시, 파워북, 2008.

자유로우려면 삶의 질서가 우선되어야 해.
자유롭지 않아서 정리가 안되고
정리가 안되서 자유롭지 않고.

네가 할 수 있는 우선이 무엇이겠니?
정리를 하면 자유롭겠지?
즉, 넌 지금 자유를 위한 질서 직전의 혼란상태야.
그러니까, 이제 네게 필요한 것은 정.리.인 것이고.

꿈을 향해 가는 길이 질서 위에 놓인다면 그 과정에서 만나는 작은 혼란은 오히려 더 단단한 질서를 만들 수 있단다. 질서는 네가 설정한 목표와 그 목표를 향한 의지가 만들어내는 구조이기 때문이야.

**세상의 혼란 속에서도 너만의 규칙을 세우고,
그 안에서 자신을 신뢰할 때, 비로소 질서가 형성된단다.**

엄마는 너의 삶에 질서가 세워지기를 바라는 마음이 커. 그래서 정리를 강조하는 거야. 정리는 자기만의 규칙으로부터 시작되니 외부가 정리가 되어 있다면 충분히 내면 정리로 진입할 수 있어.

둘다 혼란스러울 때 무엇부터 정리하는 게 효율적일까? 내면 정리는 시간이 많이 걸리겠지? 반면에 외부 정리는 마음만 먹으면 하루 이틀 사이에 뚝딱 돼. 그러니까 외부 정리부터 일단 해볼래? 내면도 외면의 정리된 그 힘으로 분명 정리할 수 있을 테니까.

활주로에 장애물이 많다고 생각해 봐. 비행기가 과연 무사히 뜰 수 있을까? 전체 항공 운행에 엄청나게 큰 지장을 주겠지? 네 꿈의 활주로에 정리되지 않은 것들이 많다면 과연 너는 네 삶의 비행을 할 수 있을까?

**내적 정리는 너의 꿈이 비상할 잘 닦인 활주로가 되어 줄 거야.
외적 정리는 너의 내면의 외현화고.**

엄마는 네 삶에 티 하나 점 하나 깃들지 않기를 바라.
하지만 그건 엄마 욕심이지.
티가 생기고 점이 깃들어도 정리하면 돼.
정리해서 너의 질서를 세우면 돼.

아이야,
살면서 내적 외적으로 어지럽고 혼란스러운 순간은 늘 있어.
그때 혼란의 구덩이에 빠지지 마라.
'정리의 힘'은 그래서 필요한 거야.
결국 정리는

너의 태도이자,

너의 자원이고,

네 자유를 위한 아주 중요한 삶의 요소란다.

반짝여라

그대의 드러남이

찰나의 반짝임일지라도

맨발로 흙밭에 서서

그대의 무게를 중력에 맡기라

그대의 발바닥이

정수리까지의 모든 무게를

보드라운 흙속으로 전하게 하라

눈을 감으라

고개를 들어라

그리고, 걸어라

그대 상념의 무게로
고락의 대지에
발자국을 그려라

반짝여라
찬란한 어둠으로
밝음을 증명하라

나의 결, 오늘

아이야.
올림픽 양궁 경기, 기억하니?

엄마는 두 손을 꼭 모은 채 발끝으로 바닥을 동동 구르며 숨을 죽였단다. 선수는 단단히 땅을 딛고 어깨를 곧게 세우더니 천천히 팔을 뻗으며 활시위를 당겼어. 그 순간, 공기마저 긴장한 듯 주변의 소음이 사라졌고 오직 활과 선수, 그리고 호흡만 남았지.

선수의 가느다란 숨결이 화면을 스치는 찰나,
엄마의 호흡도 미세해졌어.
시위가 팽팽해질수록 심장도 함께 조여왔지.
그리고 아주 짧지만, 영원처럼 느껴졌던 순간의 정적.

선수와 엄마의 시선이 과녁 위로 겹치는 순간.

탁.

바람을 가르며 과녁의 정중앙을 꿰뚫는 한 발.
시위가 놓이는 소리와 함께 멈췄던 세상이 뚫렸어.
짧고 단단한 소리에는 수만 번의 노력과 인내가 응축되어 있었고,
화살촉의 에너지가 관중의 함성으로 고요를 덮을 때 엄마의 마음 속에서도 무언가 터져 나왔단다.

와... **탁월하다!**

엄마는 그날 알았어.
탁월함은 모든 것이 멈춘 듯하지만 온전히 깨어있는 순간인 것을.
정지 속 움직임, 움직임 속 고요.
안과 밖의 사라진 경계.
물 흐르듯 자연의 호흡과 맞물린 조화.

아이야,
그거 아니? 우리나라 여자 양궁은 1988년 서울 올림픽 이후 단 한 번도 단체전 금메달을 놓친 적이 없단다. 작년 파리 올림픽에서도 남녀 개인, 단체, 혼성 전 종목을 석권했어. 개인전에서도 열한 번

의 대회 중 열 번의 금메달을 거머쥐었지. 더 놀라운 건, 그 코치진과 비결이 세계 곳곳으로 퍼져나갔는데도 우리는 여전히 과녁의 중심을 지키고 있다는 거야. 한순간의 번쩍임이 아니라 수십 년을 이어온 한결같은 빛으로서 말이지.

그 비결이 뭘까? 엄마는 궁금해서 한동안 계속 생각해 봤어. 그러던 중 깊은 인상을 남긴 한 분을 만났단다. 겉보기엔 평범했지만 그 안에서 묵직한 빛이 번져 나오고 있었거든. 엄마보다 열 살쯤 많으셨는데 성실의 깊이는 열 배나 더했어. 누구보다 일찍, 누구보다 늦게까지 공부하셨지. 모르는 것을 드러내는 걸 부끄러워하지 않았고, 지칠 줄 모르고 마음으로 배움에 몸을 던지시더라.

"모르니깐 당연하죠." 이 짧은 한마디에 그분의 모든 태도가 담겨 있었어. 배움에도 효율을 따지는 엄마와는 달리 그분은 계산하지 않았지. 정작 배워야 할 사람은 엄마였는데 말이야. 그분의 태도가 거울처럼 엄마를 비추며 답을 줬어.

아하. 지속되는 빛은 저렇게 진솔한 시간에서 나오는구나. 머리의 계산이 아니라 진심으로 부딪히며 겸손으로 쌓는 시간 말이야. 결국 **재능이 아닌 행동의 시간이 삶의 결을 만든다**는 걸 그분을 통해 배웠어. 압도적인 시간과 노력의 축적은 한 인간의 내면에 빛을 심더라. 그래서 엄마는 알았어. 엄마에게 부족했던 게 뭔지, 그리고 진짜 반짝임은 어디서 오는지…

'어떤 사람이 우리를 감동시키는 것은
그가 가진 타고난 재능이 아니라
가치 있는 것에 대한 그의 태도와 그것과의 관계입니다.
사람에게는 저마다 반짝이는 무언가가 있습니다.
저마다에게서 나온 빛줄기들이 하나가 되는 지점에서
최고의 화합이 이루어집니다[1].'

엄마는 말이야. 바람을 가르는 화살촉, 피겨스케이팅 선수의 가뿐한 착지, 건반을 압도하는 손가락, 성량을 내뿜는 가수의 열창. 이같은 순간을 보면 한껏 고양돼. 그들의 찰나엔 인간의 언어로는 결코 담을 수 없는 탁월한 빛이 있어. 그 빛이 번쩍이는 순간 잠시 세상과 내가 하나로 이어진 느낌이 들어. 하지만 순간의 아름다움에 몸이 붕 뜨는 것 같다가도 일상으로 돌아오면 언제 그랬냐는 듯이 사라져 버려. 그들은 닿을 수 없는 세계에서 빛나고 나는 그저 스쳐 간 빛을 바라볼 뿐인 존재처럼 느껴져.

그럼에도 엄마는 하늘을 자주 봐. 고개를 들게 만드는 무언가가 하늘 어디엔가 있는 것 같아. 닿기엔 너무 멀지만 닿고 싶은 무언가가, 닿아야 할 어딘가가 저기 하늘에 있지 않을까? 엄마는 꿈이

---

[1] 구도자에게 보내는 편지, 헨리데이비드소로우, 오래된미래, 2005.

많았고 삶에서도 탁월한 순간을 소망했어.

그런데 '에이... 내가 무슨...'이라는 생각이 순간 엄마를 덮곤 했지. 그러면서 '환경 탓', '건강 탓', '능력 탓'을 하며 스스로를 인식의 틀 속에 가두었어. '적당히 하자. 이만하면 됐지.' 사실 '최고'라는 단어만 들어도 괜히 피곤했어. 경쟁사회에서 지쳤나 봐.

틈틈이 경쟁 우위를 차지했을 때 받았던 인정은 달콤했지만, 인정에 길들여지다 보니 마음속의 빛이 흐려지더라. 엄마에게 주변의 인정은 내 꿈의 방향을 흔드는 잠깐의 소란이었나 봐. 화려한 불꽃놀이에 감탄하지만 끝나면 다소 허무하듯이 말이야.

**'인정'은
내 안의 빛을 덮은 덧없는 눈부심이자 화려한 착각이더라.**

사회가 만든 틀 안에서 성실히 사는데 이상하게도 채워지는 느낌이 들지 않았어. 분명 엄마가 가진 조건은 더할 나위 없이 충분했는데 마음은 왜 비어 있었을까? 거기까지 생각이 미치자, 내면의 깊이가 깊지 않았던 엄마는 어깨 위로 쌓아 올린 것들이 무겁게 느껴졌어. 내 안의 결을 쌓아본 적이 없어서, 온갖 것을 쥐고 있음에도 내면의 공간을 만들지 못했기 때문이었어.

'새는 아래로 위로 납니다.
새의 그림자도 새처럼 납니다.
어리석은 자는 새의 그림자를 잡기 위해
계속해서 달리다가 곧 지치고 맙니다.
그림자를 향해 화살을 쏘느라 화살집이 빕니다[2].'

양궁선수는 수만 번씩 활을 쏘며 결을 다지는데 엄마는 나만의 결을 만들기도 전에 엉뚱한 곳으로 활을 쏘느라 화살집이 비어 있었지. 결을 통해 드러나는 '나만의 색', '있는 그대로의 나' 말이야. 엄마는 나 자신이 어떤 사람인지, 나로서 산다는 게 어떤 것인지 모르고 살았더라.

한결같은 사람에게서 느껴지는 내면의 고요. 그 고요를 지켜주는 질서가 엄마에겐 없었어. 어떤 공간은 좁고 복잡하게 얽혀 있었고, 어떤 공간은 넓지만 텅 비어 있었어. 그래서 작은 충돌에도 쉽게 흔들리고, 흔들림이 두려워 온몸에 힘을 주며 버텼지.

궁수가 화살을 당길 때의 긴장을 견디듯 고정된 힘.
같은 자리를 수천수만 번 고수하는 '일관'된 태도.
태도를 지켜내는 중심이 엄마에게 필요했더라.

---

2 루미시집, 잘랄아드딘무하마드루미, 시공사, 2019.

**활처럼 중심을 지키고
화살처럼 쉼 없이 나아가며
과녁처럼 묵묵히 기다리는
그 단순한 행위의 반복 속에서
진짜 자신이 드러나는데 말이야.**

결국 엄마에게 필요한 건 일시적으로 엄마를 착각에 빠뜨린 눈부심이 아니라 천천히 타오르면서도 결코 꺼지지 않을 불씨가 되어 줄 하루하루들이었어. 조용하지만 단단한, 단단하면서도 유연한.

반복은 시간을 품고,
시간은 하나의 결을 따라 흐르며
그 '한결' 속에서 비로소 '나다움'은 조용히 모습을 드러내.

**정상을 향한 속도가 아닌
내면의 질서를 먼저 세우고
흔들리더라도 방향을 잃지 않는 호흡.**

그렇게 자신이 원하는 정상에 다다르는
바로 그 **탁월함**은
결과가 아니라 '나아가는' 순간순간의 존재 방식이어야 했어.

이제는 눈에 보이는 압도적인 결과보다 그 뒤를 받치고 있는 시간과 노력이 더 소중하게 느껴져. 보이지 않는 깊이를 위해 견디며 시공간 속에 존재하는 모든 것들에서 엄마는 탁월함을 본단다. 마치 함께 공부하며 만났던 그분처럼 말이야.

히말라야산맥의 높은 정상도 감탄을 자아내지만 5천만 년 전 인도판과 유라시아판이 맞부딪혀 서서히 밀려 올라가 결국 산맥을 형성시키고야 말았던, 그 보이지 않는 시간의 힘 앞에서 엄마는 겸허해졌어. 이 웅장한 풍경은 한순간에 이루어진 것이 아니라, 우주의 탄생과 소멸, 변화가 새겨진 인내의 기록이었던 거야.

태양은 말없이 빛을 흘리고
바람은 쉼 없이 대지를 어루만지고
비와 눈은 깎인 땅을 다시 덮으며
달은 바다의 리듬을 일깨워.

수천만 년 전, 깊고 넓었던 인도 바다에 해양 생물들의 흔적이 켜켜이 쌓였어. 보이지 않는 퇴적이 시간의 압력을 견디며 지층이 되었고, 대륙은 마침내 서로를 밀어 올렸지. 한없이 느리고 거대한 시간의 파도가 땅을 맞부딪혀 산맥을 세웠고 그 흔적은 훗날 히말라야의 지층이 되어 하늘 높은 곳에서 드러났단다. 에베레스트 정상, 세계에서 가장 높은 그곳에서 조개껍질이 발견되었대.

하늘 아래 가장 높은 곳이 증명하는 대자연의 위대한 시간.
이를 어찌 말로 다 표현하겠니.
그저 그렇게,
자연은 흘러 흘러 탁월해진 것을.

산맥은 그렇게 세워지고
강은 그렇게 길을 내고
바다는 그렇게 품을 넓히며
지구는 그 위에 새 지형을 쌓아가.

이제는 한 송이의 꽃을 봐도 화려한 봉우리보다 그 아래를 먼저 보게 돼. 꽃을 떠받치는 뿌리와 흙, 그리고 햇살과 비바람의 시간을 느끼지. 자연에 자신을 내맡긴 꽃을 보며 그 조용한 '결' 속에서 엄마는 더 큰 아름다움과 진정한 탁월함을 발견해.

아이야,
인간도 하늘과 땅을 닮았단다.
인내의 결을 품은 탁월함.
우리 안에도 잠재되어 있어.

내면이 오랜 시간 하나의 결로 고요히 정돈될 때 그 질서는 밖으로 흘러나와 조화를 이뤄. 숱한 시간 켜켜이 쌓인 내면의 단단함은 삶의 결로 드러나 너라는 자연을 지탱하는 힘이 되지. 진정한 탁월함은 바로 단단함과 든든함으로 빚은 결이자 조화와 질서 속에서 자연이 우리에게 건네는 선물이야.

한 분야에서 두각을 드러낸 사람들은 결국 자신이 품은 높은 이상을 향해 하루 한 걸음씩 매일 걸으며 결을 쌓은 사람들이지. 자식을 잘 키운 부모도, 한 분야를 정평한 전문가도, 부를 축적한 부자도 모두 말이야.

왜 어떤 사람은 늘 같은 자리인 듯해도
시간이 지나면 전혀 다른 경지에 이를까?

한결같은 사람은 활과 화살처럼 살아.
활은 하늘처럼 제 자리를 지키고
화살은 땅처럼 제 길을 가지.
활은 변치 않는 자세이고
화살은 날마다 쏘아 올리는 행동이야.

과녁을 빗나갈 때도 많아. 그래도 같은 하늘 아래, 같은 자리에서 다시 활을 당겨. 화살이 마침내 중심을 꿰뚫고 하늘과 땅이 맞닿듯 활의 자세와 화살의 행동이 하나가 되는 순간, 바로 '결'이 거듭나는 순간이야.

한결같은 사람은 하늘이자 땅이야.
하늘처럼 고요히 머물고, 땅처럼 묵묵히 견뎌.
하늘처럼 넓게 포용하고, 땅처럼 깊이 수용해.
하늘처럼 높은 이상을 바라되, 땅처럼 낮게 숙이지.

그래서 한결같은 사람에게서 엄마는 세 가지 특성을 발견했어.
공간이라는 자리, **시간**이라는 자원, 그리고 **시공간의 균형**.

먼저, 한결같은 사람은
'공간'이라는 자리를 하늘처럼 지키고 땅처럼 반복해.
늘 같은 자리에 있기에 하늘처럼 엉덩이가 무겁고 땅처럼 지루하지.

변함없는 하늘을 봐. 낮과 밤이 바뀌어도, 구름이 잔뜩 껴도 맑은 하늘은 변함없이 같은 자리에 있어. 한결같은 사람도 자신을 공간 속 같은 자리에 늘 머물게 해. 땅도 제자리를 지키기는 마찬가지야. 하지만 매 순간 끊임없이 변해. 땅속 수많은 생명체가 생성과 소멸을 거듭하듯 한결같은 사람은 겉으로는 단조로워 보여도 매 순간 자신을 새롭게 빚어내. 하나의 습관이 일상에 자연스럽게 스며들 때까지 말이야. 지루한 같은 동작의 반복으로 나날이 새로운 배움을 쌓아가지. 머리로 배운 것을 몸으로 익힐 때까지 타협하지 않아.

하늘처럼 구름이 가려도 늘 그 자리를 지키며
땅처럼 변함없이 같은 자리지만 매 순간을 새롭게 만들어.

엄마가 대학생 때 CEO 특강을 들은 적이 있어. 매주 국내외 유수 기업의 CEO들이 와서 강연을 했는데 그들의 이야기는 달라도 너무 달랐어. 그 자리에 오르기까지 각자만의 다채로운 경험이 넘쳐났지. 그런데 결국 그들의 화려한 이야기도 공통된 한 가지로 모였어. 바로 자신이 선택한 길을 믿고 계속 걸었다는 거야. 주변의 유능한 친구들은 더 나은 기회를 찾아 떠났지만, 자신은 꾸준히 같은 길을 걸었더니 결국 CEO가 되었대. CEO가 되려고 회사에 남은 게 아니었대. 특출나서가 아니라, 끝까지 자리를 지켰기 때문이라는 거야.

그때는 웃으면서 들었지만 이제 와 생각해 보면 정말 맞는 말 같아. 엄마가 만난 두각을 드러내는 사람들도 모두 풍파 속에서 자리를 떠나지 않는 지루함을 즐기는 사람들이었어.

그런데 대체 그게 어떻게 가능할까?
불안한 시대인데 더 다양한 일을 해보고 새로운 기회가 있으면 잡아야 하는 게 아닐까? 목표를 보고 나아간다는 것은 결국 그 목표를 손안에 성취하겠다는 마음을 가져야 가능한 게 아닐까? 그런데 학자들은 이렇게 말하더라.

'흙을 쌓아 산을 이루면,
바람과 비는 거기에서 저절로 생겨난다.
우리는 그저 흙을 쌓아 산을 이루기만 하면 된다.
많이 쌓으면 큰 산을 이루고,
적게 쌓으면 작은 산을 이룬다. (중략)
자유나 행복이나 선진 같은 것도 그렇다.
이런 것들은 다 선물이다. 행복을 추구하지 말라.
차라리 행복할 수밖에 없도록 하는
좋은 습관이나 근면성을 기르라[3].'

내가 할 일은 결국 흙을 쌓는 일뿐이야. 그럼 이루고자 하는 그 결과가 자연스레 내게 다가오는 거야. 학위나 자격을 따기 위해 글을 읽고 쓰는 게 아니라 부단히 읽고 쓰다 보면 실력은 쌓이고 자격은 절로 생기지. 결과만 바라보고 걷다 지친 엄마는 이제부터는 결과보다 과정을 즐기겠다고 결심했는데 성현들의 글귀에서 새롭게 배웠어. 진실되고 제대로 된 과정에는 결과가 자연스레 따라온다는 것을.

'언제나 결과를 목적으로 삼지 말고
그대가 마땅히 할 바를 하라.
그대는 집착 없는 행위를 통해서

---

[3] 탁월한 사유의 시선, 최진석, 21세기북스, 2017.

지고한 경지에 도달하게 될 것이다.
무지한 사람은 결과에 집착하여 행위를 하고
지혜로운 사람은 결과에 집착하지 않고
세상을 건강하게 유지하기 위해서 행위한다[4].'

다시 말하지만, '흙을 쌓는' 행동이 오래도록 이어지면
결국 '산을 이루게' 된대.
반복된 행동은 믿음의 실천이고
실천의 누적은 파동을 일으킨단다.

그렇게 되면 '어떤 힘도 막을 수 없는 원동력, 아니 올바로 해석하거나 이해할 수 있는 사람이 거의 없는 원동력의 거대한 흐름의 도움으로 성공을 향해 나아간다[5].'고 하니 엄마도 이 진리를 믿어 보기로 했어. 육아든 집안일이든 엄마의 꿈을 향한 발걸음이든 무거운 엉덩이로 지루한 시간을 견뎌보려고!

또, 한결같은 사람은
'시간'이라는 자원을 하늘처럼 흘려보내고 땅처럼 축적해.
하늘처럼 시간 위를 날아다니고
땅처럼 시간에 갇혀 세월을 쌓지.

---

4 바가바드 기타, 무지개다리너머, 2019.
5 나폴레온힐의 황금률, 나폴레온힐, 비즈니스맵, 2009.

결을 쌓는 사람은 시간이 어떻게 흘러가는지 모를 만큼 몰입해. 시간을 관리하지 않고 시간과 함께 춤을 추지. 해야 하는 일과 하고 싶은 일이 하나로 겹치는 순간에 살아. 하늘은 몰입할 때 시간이 멈춘 듯 흐르고, 땅은 매일의 속도로 시간을 적립해. 해야 할 일과 하고 싶은 일이 포개지는 지점에서 시간은 관리의 대상이 아니라 '리듬'이 된단다. 게다가 **세상의 보폭이 아닌 자신만의 호흡으로 쌓인 시간은 결국 '깊이'라는 믿음으로 변해.** 그래서 마치 장인처럼 시간을 자유자재로 다뤄. 한마디로 시간을 지배한다고나 할까.

네가 레고를 하다가 그랬지? 시간이 날아가 버렸다고. 어린아이인 너는 시간을 모르는 채 살아. 무언가에 열중한 너를 보면 엄마는 참으로 행복하단다. 하고 싶은 레고를 마음껏 하기 위해 해야 할 일을 그렇게 하기 싫어도 순식간에 해치워버리는 너의 순수함을 보면 엄마는 다시 어린아이로 돌아가고 싶어. 엄마는 정작 조율이 어렵거든.

**언제부터 엄마는
어린아이처럼 사는 법을 잊어버린 걸까?**

'우리는 너무 바쁘다. 너무 많은 일을 하고 있다.
너무 많이 채워 넣으려 한다.
너무 많이 활동한다.

> *걱정, 현학, 지식의 짐을 모조리 바다에 던져 넣고,
> 처음처럼 단순한 어린아이가 되어
> 감사하는 마음으로
> 순수하고 행복하게
> 현재를 살아가려는 자세가 필요하다[6].'*

엄마는 늘 시간에 쫓기듯 살았어. 해야 할 것과 하고 싶은 것. 이 두 가지를 별개로 생각해 왔던 것 같아. 맡은 역할도 잘 해내고 싶고 그 가운데 나를 잃고 싶지 않기도 했고. 그래서 분주하게 움직이며 일과 삶, 몰입과 멈춤의 경계를 그어보려 애를 썼지.

그런데 말이야, 한결같은 사람은 어디서든지 시공간을 만들어낼 수 있으니 시간이 저절로 정돈된대. 피곤하다고 쉬어야만 하고, 숨통을 트기 위해 어디론가 떠나야 한다고 하지 않는대. '언제라도 원하면 자신 안에서 완벽한 휴양지를 발견할 수 있다[7].'는 거야. 그들에게는 일상이 곧 놀이이고, 일과 삶의 경계가 따로 없다고 해. 해야 할 일을 해내는 과정에서, 자신이 정말 하고 싶은 일이 저절로 드러난다고 하더라. 그 둘이 합쳐지는 순간, 시간은 사라지고 몰입만 남고 그렇게 결과가 온대.

---

6 아미엘일기, 앙리프레데릭아미엘, 동서문화사, 2007.
7 황제의 철학, 마르쿠스아우렐리우스, 세종, 2004.

그래서 하늘처럼 시간을 흘려보내고, 땅처럼 시간에 갇혀 자신만의 시간으로 결을 쌓는 사람은 어쩌면 아주 많이 '바보' 같아. 따지지 않고 그저 받아들이지. 좋고 나쁨을 재지 않고, 옳고 그름을 판단하지 않아. 낭비하듯 뒤처진 듯, 주어진 대로 품고, 없는 것은 스스로 길러내. 어린아이처럼 순수하게, 바보처럼 단순하게 말이야.

그러니 아이야,
하늘처럼 시간을 흘려보내
그 흐름 속에서 우리만의 리듬을 만들자.
세상의 박자에 휘둘리지 말고
우리만의 속도와 방식으로 몰입하자.
땅처럼 시간을 쌓아가며
자기 안의 순수함을 믿어보는 거야.
좋고 나쁨, 옳고 그름을 재지 말고
그저 믿음으로 활을 쏘아보자.

무엇이 돌아오든 괜찮아. 그건 네가 살아있다는 증거이자, 네 안의 결이 자라고 있다는 뜻이니까! 해야 할 일과 하고 싶은 일이 하나가 되는 순간, 너의 시간과 세상의 시간은 하나의 탁월함으로 거듭난단다. 그게 바로 하늘의 몰입이자 땅의 믿음, 시간이 만들어주는 결이야.

마지막으로, 한결같은 사람은
**시공간의 균형으로 하늘처럼 높은 이상이 '왜'를 묻고
땅처럼 깊은 단단함이 '어떻게'를 실행시키지.**

한결같은 사람이 왜 지루하고 바보 같은지 아니?
지금에 만족하면서도 지금에 불만족하기 때문이야. 그래서 나아가는 거거든. 진짜 이상을 품은 사람은 늘 자신에게 물어. 어디로 향하고 있는지 왜 그곳을 향해야 하는지. '왜'라는 물음은 방향을 잃지 않겠다는 다짐이야.

하지만 아무리 이상이 높아도 땅처럼 단단한 중심이 없으면 흔들리기 마련이야. 세상은 끊임없이 우리를 자극하지. 기쁨과 불안, 열정과 허무가 밀려와도 한결같은 사람은 그 파도에 휩쓸리지 않아. 오히려 파도 위에 서서 감정을 억누르기보단 온전히 느끼고 파도가 잦아들 때까지 자신이 해야 할 일을 해. 시간이 지나면 결국 잔잔해진다는 걸 믿기 때문이야.

그래서 진짜 땅처럼 단단한 사람은 부드러워. 이미 수없이 파도에 휩쓸려 본 경험이 머무는 시간을 허락했고, 행동의 누적된 반복은 균형감각을 길러줬지. 흔들릴 때 유연하게 중심을 잡고 잘 흔들릴 수 있도록.

엄마는 한동안 내면에 많은 질문을 던졌어. '나는 누구인가, 어떻게 살 것인가, 무엇을 원하는가'. 치열하게 고민해서 선택하고 그 선택에 책임을 지고 싶었어. 그런데 한결같은 사람들은 이렇게 묻더라.

'세상은 왜 나를 이곳에 태어나게 했는가?'
'세상은 내게 무엇을 원하는가?'
'마지막에 멈추는 그곳에는 무엇이 나를 기다리는가?'

그들의 질문엔 삶을 내 뜻이 아닌 세상의 선물이자 사명으로 받아들이는 수동과 겸손이 있었어. 그리고 '언제라도 세상을 떠날 준비가 된 사람처럼 행동하고 말하고 생각[8]'하며 세상을 떠나는 것을 두려워하지 않는 거야. 그런 사람들은 바람이 불어도, 활이 휘어져도 외부를 탓하지 않아.

엄마에겐 탓하던 시절이 있었어. 늘 마음 한편 '사람은 왜 배우고 성장하려 하는가'가 궁금해서 답을 찾고 싶었거든. 절대로 안 된다고, 못한다고 여겼던 것들이 경험을 통해 인식이 깨지고 가능했던 순간을 몇 번 경험했었어. 하지만 언제부턴가 외부 환경을 탓하며 그 답을 찾는 것은 '삶의 사치'라고 생각했지. 취직도, 결혼도, 출산도 해내느라 바빴어. 그래도 여전히 마음속 질문이 사라

---

8 황제의 철학, 마르쿠스아우렐리우스, 세종, 2004.

진 것은 아니더라.

**사람이 궁금했으나 인문학을 외면했고,
성장이 간절했으나 성취만을 바라봤고,
배움을 갈망했으나 자격만을 쌓았던 지난 시간들.**

스펙은 늘어 갔지만 내면이 비어갔고, 눈앞의 과녁은 선명했지만 활이 어디를 향하는지도 몰랐어. 하지만 엄마는 너희가 있기에 더 나은 사람이 되고 싶었어. 그래서 내 마음의 길이 아니라 느껴질 때 멈췄고, 스스로에게 길을 다시 물으며 걸어 나갔단다. 그러다 보니 어느 날 저 멀리서 나를 부르는 과녁이 있었어. '이건 네가 쏘아야 할, 너만이 겨눌 수 있는 과녁이야.' 그 순간 삶이 다시 활력으로 가득 차기 시작했고, 그제야 알았어. 스스로 선택한 과녁이자 동시에 세상이 내게 맡긴 사명을 향해 쏘는 것이 진짜 살아있는 엄마만의 삶이라는 것을!

아이야,
네 눈앞의 과녁을 맞힐 때마다 너의 시선은 조금 더 멀리까지 닿게 될 거야. 목표와 역할을 향해 충실히 쏘다가도 흔들리는 순간은 오겠지. 그리고 엄마처럼 넘어지기도 하겠지. 하지만 그 과정에서 너 자신과 이야기를 계속 나누다 보면 언젠가 진짜 네가 쏘고 싶은 과녁이 마음에 그려질 거야. 그때가 오면 과녁은 네가 선택하는 것이 아니라 과녁이 오히려 너를 부르게 돼.

**그래서 이제는 과녁을 향해
공간을 지키고 시간을 쌓아보려고 해!
공간과 시간을 지배한 균형 위에 서보려고 해!**

주변을 둘러보니 루틴을 반복하는 사람들이 많더라. 그들은 숨 쉬듯 편안하게 반복하더라고. 글을 쓰는 것도, 책을 읽는 것도, 요가나 달리기도 마치 들숨과 날숨처럼 말이야. 그냥 하는데 해내고, 해내는 것을 넘어 즐기고, 즐기다 보니 자연스레 많은 것들이 쌓이고, 쌓인 것들을 나누는 삶으로 이어가는 모습을 보니 한 번 그들의 발자취를 따라가 보려고.

꾸준히 활을 쏘아보려고 해. 활쏘기와 내가 하나 되는 순간을 만나기 위해서 말이야. 그 편안한 안정감을 느끼기 위해서. 아무것도 하지 않는 데 되어가는 느낌, 특별한 게 없는 일상인데 정말 특별해지는 순간, 평범이 비범으로 승화되는 시간. '비약이 보행[9]'이 되는 그 순간을 엄마도 가져보고 싶어. 매일 0.1cm라도 비약을 시도하는 반복이, 보행하듯 자연스러워질 때까지. 언젠가 사뿐히 착지하는 날이 오지 않을까?

---

9 키에르케고르 선집, 키에르케고르, 집문당, 2014.

이렇게 쌓아가면 어떤 상황에서도 흔들림 없이 본연의 삶에 충실한 엄마가 될 것이라 믿어. 그래서, 누군가의 시선을 의식하지 않고 나만의 리듬을 듣는 시간을 가져보려고. 세상의 속도와 무관하게 흐르는 고요한 시간 말이야. 흐르는 시간 속 유연한 중심을 갖게 된다면 결국엔 흔들려도 무너지지 않고 멈춰있어도 자라는 그런 탁월한 균형이 찾아오지 않을까?

> '자연에 맡겨 자라도록 하되 간섭하지 않고,
> 만물을 기르되 점유하지 않는 삶[10]'

노자가 말한 무위(無爲)라고 하면 너무 거창할까?
그렇게 지루한 반복이 새로움을 만들고,
새로움이 자연스러움이 되어,
아무것도 하지 않는 듯 살아가고 싶어.
하늘처럼, 땅처럼, 한결같이...
늘 그 자리에 머무는데 나아가는 삶.

그러니 우리, 살다가 흔들릴 때 흔들리자. 그건 중심을 잃는 게 아니라 더 깊이 중심을 세우기 위함이니까. 우리 함께 수많은 별을 품은 하늘처럼 욕심쟁이가 되어보지 않겠니? 더 깊고, 더 단단한 중심을 잡기 위해서 말이야!

---
10 도덕경, 노자, 현대지성, 2019.

아이야,
'한결같음'은 결국 가장 나답게,
나만의 본성으로 이끄는 길이더라.
고유한 나의 모습을 드러내는
가장 단순하면서도 강력한 방법이야.

중요한 것은
나에 대한 믿음을 세상에 대한 믿음으로 넓혀
오늘의 나를 내일에 내맡기는 거야.
꽃이 봉우리를 틔우려고 애쓰지 않듯
나무가 열매를 맺으려고 힘주지 않듯
하늘이 밝은 햇볕을 위해 구름을 걷어내지 않듯
진짜로 나다워지려면 과녁이 내게 올 것을 믿고
오늘, 세상의 흐름에 나의 행동을 맡겨 버리면 돼.

그러니 아이야,
너무 먼 곳에 닿으려고 애쓰지 않아도 된단다.
멀리 쏘는 화살보다 중요한 건
내일의 나를 믿고
오늘의 한발을 힘차게 쏘는 거야

그렇게 오늘을 온전히 살아내고 나머지는 하늘과 땅에 맡기자. 하다 보면 해내고, 해내다 보면 되어가고, 즐기고, 쌓이고, 나누는 사람으로 우리는 자라날 거야. 그 과정에서 하늘과 땅이 네게 건네는 선물…

바로 **'탁월함'**이란다.
탁월함은 '한결'이 이룬 품(品)이자
품(品)을 품고 걷는 자에게 빛으로 건넨 세상의 찬사란다.

밀어내는 힘, 밀어버리는 짓!

아이야, 먹을 것이 귀하던 시절, 할머니는 봄마다 산으로 올라 고사리를 꺾으셨단다. 그런데 어느 해, 산불이 휩쓸고 간 황망한 산자락에서 푸른 싹을 보셨지. 그 장면을 할머니는 평생 잊지 못하셨어.

모든 것이 재로 변한 잿빛 땅에서
가장 먼저 돋아 다시 살아난 생명,
바로 **고사리**란다.

알고 보니 고사리는 이 지구에서 무려 3억 5천만년을 살아온 식물이더라. 지구 생명의 4분의 3이 사라진 백악기 대멸종. 뿌리마저 타버린 듯한 불덩어리 대지 위, 그 폐허 속 가장 먼저 푸른 숨을 틔운 것도 고사리였어[1]. 땅 위는 모두 사라진 듯해도, 땅속은 여전히 살아 있었고 그 속에서 무언가가 꿈틀대며 숨을 쉬고 있었던 거야.

그 무언가의 숨결은,
놀랍게도 '줄기'였어!
'뿌리'가 아닌 '줄기!'

대부분의 식물은 뿌리로 땅을 붙잡지만, 고사리는 근경(根莖)이라 불리는 줄기가 생(生)의 원천이란다. 일명, '지하줄기'로 불리는 근경이야말로 깊은 어둠 속에서 자신을 이어가는 '생명의 맥'이야.

게다가 아래로 뻗지 않고, 옆으로 옆으로 깊은 땅속을 가로지르며 굵게 자신을 이어가. 그래서 근경은 단순히 에너지를 저장하는 줄기가 아니란다.

땅속에서 근경은 한순간도 멈추지 않아. 아니, 멈출 수가 없어. 대부분의 식물은 뿌리부터 줄기로 자라나지만 고사리는 지하줄기에서부터 뿌리를 내리지. 눈에 보이지 않는 미세한 점 하나, 줄기 끝마다 있는 생장점(生長點)이 분열하면서 매일 새로운 방향

---

1 대멸종 직후 식생 복구과정에서 '고사리·포자 폭발(fern spike)'이라는 화석기록이 발견되었다. 지질학적 조사에 따르면 약 6,600만년 전 경계층 바로 위에 위치한 지층에서 고사리 포자 비율이 극단적으로 높아지는 현상이 나타난다. 이 현상은 고사리가 멸종 후 황폐해진 토양에서 가장 먼저 광범위하게 정착한 '선구식물(pioneer species)'이었음을 보여준다(위키백과).

을 탐색하고 선택한단다. 그렇게 아래로는 뿌리를, 위로는 잎을 틔워내지.

새로 돋은 근경의 끝은 여리지만 유연함이 숨어있단다.
흙 입자 사이를 더듬으며 돌을 만나면 방향을 틀고,
습기를 만나면 머문 뒤 길을 만들어내지.

그 뒤를 따르는 줄기도 이어 서서히 살이 차오르며 굵고 단단해져서 다음 생장을 뻗어나가게 해줄 단단한 지지대가 된단다. 이렇게 앞쪽이 유연함으로 땅속에서 길을 내면 뒤쪽은 단단함으로 지나온 길을 기억하며 생을 이어가.

근경의 깊고 조용한 '누적된 생장'
그 긴 호흡 끝에서 마침내...
그 길 어딘가에서...
드디어 한 생(生)이 깨어나.
새순 하나가 빛을 향해 고개를 드러낸단다.

그 과정이 계속 계속 이어지면서 고사리는 더 멀리까지, 보이지 않는 힘으로 자신을 밀어 올리는 생명이 되었지. 그 중심에는 고사리 재생의 거점, 근경(根莖)과 생을 틔우는 한 점, 생장점이 숨 쉬고 있단다. 근경은 생장점의 몸통인 셈이지.

그런데 아이야,
의외의 사실 하나 알려줄까?
고사리는 씨앗이 없단다.

씨앗이 없는데 어떻게
3억 5천만 년의 세월, 수많은 멸종과 재앙을 버텨낼 수 있었을까.
산불이 휩쓴 폐허에서도 가장 먼저 초록을 드러낼 수 있었을까.
단 한 번의 사라짐 없이 늘 자신의 존재를 드러낼 수 있었을까.

고사리의 보이지 않는, 생을 밀어 올리는 힘이 느껴지니?
단순한 생존의 효율이 아니라, 생명 안에 오래전부터 새겨진 보이지 않는 힘 말이야. 고사리는 그 힘에 따라, 근경이 흙을 밀어 땅을 뚫고 끝내 땅 위로 스스로를 밀어 올린단다. 오랜 시간 자신 안의 힘을 쉬지 않고, 옆으로 그리고 위로 밀어내.

그 '밀어 올리는 힘'이야말로,
자신을 세상으로 드러낼,
다음 순간을 차곡차곡 축적하는,
결코 사라지지 않는 자연의 질서란다.

그리고 이어, 그 힘은 주변으로 퍼져나가. 고사리는 그렇게 서로 닮은 몸들로 자신의 영토를 넓히며 군집을 이루지. 한 몸이 여러

몸으로 나뉘어[2] 확장되면서 끊어지지 않는 생의 맥을 이어가지.

개체는 멈추지만
계보는 계속된단다.

그래서
고사리에게 생의 근원이 '근경'이라면
사람에게 생의 근원은 '근본'이란다.

근원은 스스로를 지키는 질서이면서, 동시에 이어내는 맥이기도 해. 생명은 그 맥을 통해 자신을 다음 존재로 넘겨주며 끊임없이 흐르지. 우리는 그렇게 생명을 낳는 존재이며, 생을 이어주는 존재로 태어났단다. 부모의 마음과 손끝과 정신이 자녀에서 손주로 계속되어 계승되고 이렇게 한 사람에서 다음 한 사람으로 인류의 계보는 이어졌지.

생명의 가치는 시간이 쌓이며 깊어지고
생존의 방식은 다음 세대로 스며들며
정신의 질서는 겹겹이 이어져
마침내 경험의 기억이 하나의 결이 되는 거야.

---

2 무성생식(無性生殖, Asexual Reproduction): 일반적으로 정자와 난자 같은 성세포가 관여하지 않거나 혹은 수정 과정 없이 하나의 생물 개체가 동일한 새로운 개체군인 클론(clone)을 형성하는 방법을 이른다. 네이버백과사전

이렇게 생은, 내 한 몸에서 끝나지 않는단다.
같은 결로 이어지고 퍼지며 세대를 뚫어버리는 거야.

아이야,
네가 태어난 것은 우연이 아니란다.
사람의 탄생은 우주에 일어난 하나의 사건이야.
수천만 년 전부터 이어진 생명의 계보 위에 태어난 거야.

부모, 조상, 인류 최초의 생존 의지가 모든 세대를 뚫고 이 땅 위로 '너를 밀어 올린' 거야. 여전히 뜨겁게 맥동하며 살아낸 모든 정신 위에 솟아오른 존재의 얼굴이 바로 '지금의 너'란다. 네 안에는 수천만 년의 사라지지 않은 생명의 힘이 흐르고 있단다.

그렇지만, 아이야.
네 안의 힘은 저절로 피어나지 않아.
그 힘을 땅 위로 밀어 올리는 건 **'믿음'**이란다.

땅 위로 솟아난 순간, 태양 빛은 따뜻함이 아니라 견뎌야 할 열이 되기도 하지. 피어난다는 것은 생존을 걸고 세상 앞에 자신을 내보이는, 가장 용감한 선언이란다. 네 안에서 꿈틀대는 생명 의지를 밀어 올릴 때, 그것이야말로 '된다'는 보이지 않는 믿음이 작동하는 원리란다.

그러니 삶을 향한 움직임은 단순한 본능이 아니지. '고삐를 풀고 자기가 자기의 목적지로 줄달음치는(중략) 우주의 질서를 따르는 것[3]' 이란다.

아이야,
두려워하지 마라.
의심하지 마라.
믿어라!
네 안의 '밀어 올리는 힘'을 '믿고',
생을 향해 너의 얼굴을 드러내라.

오직 너만의 얼굴을 '믿어버리는 짓',
이는 있는 그대로의 너를 받아들이며, 우주의 질서와 생명의 계승 그리고 의식으로 꿰뚫는 살아있는 지금이 한데 어우러져 저절로 빛을 향해 일어선 것이란다. 그때, 삶은 제 근본을 따르는 태도가 된단다.

아이야.
그런데, 가슴 뛰는 일은 이게 다가 아니야. 고사리는 흙을 밀어내며 땅을 뚫고 잎을 솟아 내면서 기가 막힌 짓을 하지. 자신을 지탱할 뿌리를 만들어 내는 거야! 자신의 근원을! 완전히 자기를 '드러

---

3 아미엘 일기, 아미엘, 범우사, 2003.

내겠다' 결심한 순간, 자신을 믿고 그 자리에 부정근(不定根)을 내림으로 스스로의 영토를 확장한단다. 부정근. 말 그대로, 정해진 원뿌리가 아닌 '새롭게 필요한 곳에 자발적으로 생기는 뿌리'야.

고사리는 어디든 생명을 솟구치게 할 곳에서 스스로 지탱할 뿌리를 만들어 내. 그건 마치 존재가 자기 삶의 조건변화에 반응하며 끊임없이 현실에 발을 붙이려는 의지 같아.

아이야,
살다 보면 삶의 형편이 달라지는 때, 예전처럼 살아갈 수 없거나 전에 살아오던 방식으로는 도무지 감당할 수 없는 때를 맞닥뜨리게 되지. 그럴 땐, 자기 자신도 달라져야 한단다. 상황이 문제가 아니야. 삶은 환경에 따라 변하지 않아. 내가 변하느냐 변하지 않느냐에 따라 환경이 변한단다.

> '무엇이나 내가 닿으면 빛이 되고
> 무엇이나 내가 떠나면 숯이 된다[4].'

너를 처음 품었을 때, 엄마는 어디에도 발을 붙이지 못한 채 허공에 떠 있었지. 그런데 말이야, 우는 너를 안고 있을 때, 엄마는 이상하게도 다시 '살아지는' 기분을 느꼈단다. 농사일로 지친 몸이

---

4 영혼의 자서전, 니코스카찬차키스, 열린책들, 2019.

었지만, 너의 미소 하나에 손이 먼저 움직였고, 네 기척 하나에 눈을 번쩍 떴어. 이전의 뿌리로는 지속할 수 없었던 새순이 돋아나는 삶 앞에서 엄마는 새롭게 뿌리를 내리기 시작한 거야.

돌이켜보면, 그건 누가 시켜서 한 일이 아니었어. 엄마라는 이름으로, 아내라는 이름으로, 그리고 또 하나의 '나'로... 엄마는 그렇게 '나'로 살아내고 있었던 거야. 과거를 밀어내고 미래를 믿음으로써 현재에 뿌리내리는 짓, 엄마 안의 부정근을 내리고 있었던 거야.

아이야, 엄마는 '존재는 머무르기만 하지 않는다'는 걸 고사리를 통해 알게 됐어. 고사리는 자신의 영토를 더 멀리 넓혀간단다. 자신의 자리를 넘어서 길을 찾아. 고사리는 씨앗이 없다고 했지? 꽃도 열매도 맺지 않지만 대신 포자[5]를 만들어낸단다!

먼지만큼 작은 수많은 포자들은 바람을 타고 흩어지며, 눈에 닿지 않는 낯선 흙마다 땅속에서 다시 근경을 만들고 생장점으로 잎을 돋우고 부정근으로 영토를 넓히며 계속 새로운 군집을 이루지. 수억 년 동안, 지구 어디에나 존재할 수 있다는 **믿음으로 터득한 자신만의 고유한 방식**이야.

---

5 포자(胞子)란 양치식물, 균류 등이 만들어내는 생식세포를 말한다. 고사리는 잎 뒷면에 포자가 든 갈색의 포자낭(sporangium)이 만들어지는데, 포자 자체는 무성(無性)이지만, 포자에서 발아한 전엽체는 정자와 난자를 형성한다. 물을 통한 수정 후 포자체(sporophyte)로 자라면서 고사리 몸체를 형성한다. 네이버지식백과.

그래서 고사리는 피어나는 식물이 아니란다.
깨어나는 식물이란다.
'이미 자신 안에 있는 것'을 **'믿어버리는 짓'**을 통해 지구상에서 가장 먼저 빛을 향해 되살아난 생명으로 깨어난 것이지. 그 생명이란 단순히 몸을 남기는 일이 아니야. 정신을 잇는 일이야.

아이야. 언젠가는
'어떤 방식으로 살아야 나다워지는가?'를 묻는 날이 올 거야.
그 물음 앞에서 너의 근원을 잊지 말아라.

흩어져도 다시 시작할 수 있는 확장은,
사라짐 속에서도 자신을 이어가려는 생명의 뜻이란다.
세상과 부딪히는 시간의 누적은 결국 변화를 낳지만,
그 변화 속에서도
스스로의 질서를 지켜내는 존재가 진짜 자유를 얻지.
형태는 사라져도 정신은 남고, 흩어져도 본질은 이어진단다.
그렇게 남겨진 흔적이 바로,
눈에 보이지 않아도 자신을 증명하는 문양이자
너만의 결이 되어 근원으로 계승되지.

밀.어.올.리.는.힘이 너의 길을 확장하게 하고
믿.어.버.리.는.짓이 네 자신의 얼굴을 세상에 새기길.

지금 이 자리에서,
엄마는 엄마의 순에, 너는 너만의 순에 새겨진 정신을 솟아내자.
세상이 새긴 얼굴 따라 살지 말고, 자신의 얼굴을 세상에 새기자.

밀어 올리기 위해 믿어버리는 짓이,
너의 고유한 자유이자 삶을 빛나게 하는 태도란다.

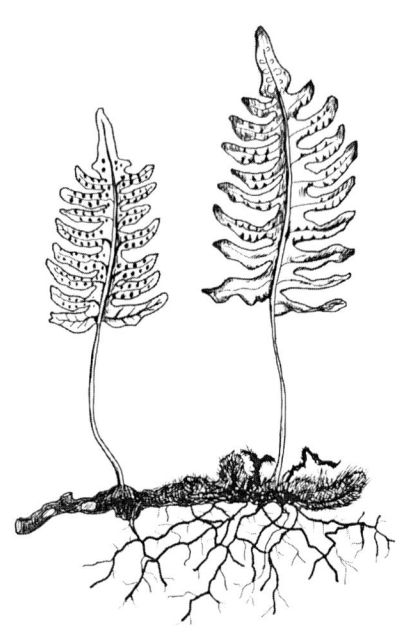

키루스와 한끗 차이

아이야.

엄마에게 '리더'는 최고의 1인이자 독보적인 존재 같은 개념이었어. 엄마와는 전혀 상관없는, 존재만으로 시선을 사로잡는 그런 사람 말이야. 근데 『키루스의 교육[1]』을 읽으면서 생각이 완전히 바뀌었다! 엄마도 너도 모두 자기 삶의 리더이더라! 몇 년 전 읽은 벤저민 프랭클린[2]에게서도 '절제'를 아주 중요한 가치로 배웠는데 키루스[3]도 리더에게 단 한 가지 핵심 덕목이 있다면 '절제'라고 했어.

---

1 키루스의 교육, 크세노폰, 한길사, 1018.
2 프랭클린 자서전, 벤저민프랭클린, 김영사, 2022.
3 키루스(B.C557~B.C530) : 세계 역사상 최초로 대왕이라는 칭호를 받은 군주로서 그 칭호에 걸맞은 대업을 이루었다. 세상을 하나의 국가로 통일하면 더 이상의 전쟁은 없다는 이념 아래, 메디아, 리디아, 신바빌로니아 등 페르시아보다 강대한 왕국들을 정복하여 당시 서아시아 세계를 통일했다.

> '많은 것에 주의를 기울이지 않고
> 단지 한 가지 일에 전력을 다하는 사람들이
> 어떤 주어진 일에서 최고가 된다.'

일상의 많은 것들을 내려놓고 새벽에 일어나 책 읽는 한 가지에 집중하며 1년을 넘겨보니 이제 엄마도 근성이 생기고 점점 엄마를 신뢰하는 마음이 싹트기 시작하더라. 매번 수동적으로 삶이 엄마를 질질 끌고 가는 느낌이었는데 이제는 에너지를 높여서 점점 능동적인 삶으로 변했지. 엄마가 엄마를 이끄는 내면에서 어떤 힘이 생겨나는 것 같아. 그래서, 엄마는 '나도 리더구나'라고 조용히 내면에서 외치기 시작했단다.

'리더(Leader)'. 이끄는(Lead) 사람이야.
이끌기 위해서는 '따르는 자'가 존재해야지.
또 좋은 '리더'가 되기 위해서는
좋은 '따르는 자'가 먼저 되어야지.
잘 배운 사람이 잘 가르치는 사람이 되듯이 말이야.

그저 대한민국 평범한 엄마가 '리더'를 너희에게 이야기하려는 이유는 바로 이 때문이야. 리더란 특별한 자가 아니란다. 요즘 엄마는 '잠재된 엄마의 자아'를 우선 잘 따르고 있어. 그리고 엄마 삶을 잘 이끌고 너희들이 따라도 좋은 사람이 되는 것. 그렇다면 엄마야말로 진정한 리더의 자질을 함유한 사람이 아닐까 하는데, 어떻게 생각하니? 자기 자신도, 자기 자식도 따르지 않는 자가 어떻게 리더라고 할 수 있겠니?

엄마는 너희들에게 나이에 맞게 스스로 하도록 도왔고,
엄마 자신에게 1년간 새벽 4시에 일어나 책 읽기를 명령했고,
너희 셋을 키우면서도 1년이 넘은 지금까지 지키고 있어.
그렇게 엄마 자신에게 먼저 신뢰를 쌓았단다.

그리고 무엇보다 가족을 사랑해. 소중하게 여기고. 그러니 사람의 귀함을 알지. 그러다 보니 우리가 사는 이 사회도 참으로 아름답게 가꾸고 싶어져서 엄마가 할 수 있는 최소의 것, 이를테면, 분리수거 하나라도 더 철저히 하고 있어. 이 작은 변화가 엄마 삶을 바꾸고 감히 이제 엄마는 스스로 리더라고 부를 수 있게 되었단다.

누구든 리더십은 지니고 있지만 스스로 리더라고 여기지 못하는 것 같아. 그냥 엄마처럼 스스로 정한 작은 하나, 매일 해야 할 일 하나를 잘 해내는 것부터가 리더의 자질인데 말이야.

엄마는 이제 엄마 삶의 당당한 리더야.
너희들도 그래야 한다고 여기고.
삶의 어떤 난관에서도 비켜서지 않을 자신으로

너희들에게 진정한 리더를 이야기하려 해.

소크라테스의 제자 크세노폰(Xenophon)[4]은 '키루스(Cyrus)'를 통해 진정한 리더의 면모에 대해 정수만을 짚어내어 깊고 치밀하고 풍부하게 설파한단다. 몽테뉴(Montaigne)는 그의 저서에서 키루스의 정의롭고 합리적인 판단을 학문의 본보기로 제시[5]했고 마키아벨리(Niccolò Machiavelli)[6]는 키루스를 이상적인 군주의 모델로 보았지.

엄마는 그저 평범한 대한민국의 한 사람이지만 이 책을 여러 번 읽고 난 후 꼭 너희들에게 이야기 해주고 싶어서 '리더의 9가지 덕목'을 추려봤단다. 키루스를 여러 번 책으로 접하고 기어이 이 편지를 쓰겠다고 마음먹고 쓰는 과정에서 엄마는 일상에서 습관처럼 리더의 모습을 너희들에게도 보여주고 싶은 간절한 마음까지 생겼어. 하나하나 지금부터 얘기해 볼게.

첫째. '필요'부터 채운다!

'훌륭한 교사는 바로 필요이기 때문입니다. 필요는 우리에게 지나칠 정도로 이러한 훈련에서 완전한 지침을 주었습니다.

---

[4] 크세노폰(기원전 430년경 ~ 354년경) : 고대 그리스의 사상가 및 저술가.
[5] 몽테뉴(1533-1592, 프랑스 철학자) : 그의 저서 '나는 무엇을 아는가'(p.197) 참고.
[6] 마키아벨리(1469-1527) : 《군주론》의 저자로서 근대 정치철학의 기틀을 만든 사상가.

(중략) 반면 우리 평민들은 무거운 짐을 지고 걷거나 뛰는 것이 의무처럼 되어 있어서, 이제 그와 같은 무기를 지니게 되면 짐을 지고 가는 것보다 훨씬 가벼워서 마치 날개를 단 것과 같아 보일 것입니다.'

인간의 기본은 '생존'이지. 일단 살아야, 죽지 않아야 하는 것이 기본이지. 그래서 리더의 기본 역시 '생존'이야. 자기도 살고 타인도 살게 하는. 즉, '필요'한 것을 먼저 해결하고 해결되어 있는 사람이 '리더'라고 할 수 있어. **'되면 좋은 것'이 아니라 '반드시 되어야만 하는' 그것부터 해결하는 것은, 리더이기 이전에 인간의 기본이란다.** '필요'가 채워지지 않고 그 너머를 바라는 것은 허황된 망상에 불과해. '필요'는 어떤 시도가 결과가 되기 위해 반드시 갖춰져야 할 기본이란다.

전쟁터에서 이미 짐을 지고 걷는 훈련을 한 평민이 잘 싸울까? 자신의 무기만 가지고 다니던 귀족이 잘 싸울까? 어떤 도전이나 낯선 상황에 처하면 평소에 어떻게 자신의 '필요'를 채우며 살아왔는지가 다 드러나. 키루스의 말처럼 '필요'는 지나칠 정도로 현실적인 상황에서 완전한 지침이 된단다. 워렌버핏(Warren Buffett)[7]이 말했듯이 '썰물이 되면 누가 벌거벗고 수영하는지' 다 드러나는 법이란다.

---

7 워렌 버핏 (1930~현재) : 미국의 기업인이자 투자가.

키루스는 이 때문에 자신은 물론, 병사들에게 어떤 경우에도 살아남을 수 있도록, 그러니까 '생존'할 수 있도록 훈련시켰어. 뛸 때도 무거운 짐을 지고 뛰게 하고 먹을 것도 배부르지 않게 적당히 먹게 했지. 겨울에도 윗통을 벗고 훈련 시키면서 추위에 견디게 했단다. 가혹하니? 아니야. 키루스는 군비가 생겼을 때 보급품으로 가장 먼저 마련한 것이 지금 표현대로라면 '방탄복'이야. 창과 활에 맞아도 살아남을 수 있도록 병사들에게 **'사는 것, 살아남는 것'이 가장 '필요'한 기본이라고 스스로 먼저 보여줬단다.**

엄마는 어떤 상황에서 어려움이 닥치면 포기가 빨랐었어. 이유는 그 상황을 견딜만한 기본이 부족했기 때문이겠지. 하지만 이제 '필요'한 것을 꼭 해내도록 일상을 바꾸니까 엄마 안에 잠재된 힘이 행동으로 바로 연결되었던 것 같아.

자신의 몸을
'겪어야 할 상황에 맞게끔 일상을 꾸리는 것'이
삶의 '필요'를 채우는 것이며
이것이 바로 '리더로서의 기본'이란다.

둘째. 섬세함과 사려깊음의 한끗 차이!

'그는 병사들에게 어느 누구도 괴롭히지 말고, 아르메니아인을

만났을 때에는 그들이 두려워하지 않게 하고, 또한 싸움에 대한 두려움을 갖지 말라고 말했다. 그리고 아르메니아인 중에서 누구라도 음식이나 음료수를 팔기를 원하는 사람은 그들이 있는 곳 어디든지 와서 시장을 마음 놓고 열도록 하라고 지시했다.'

'그대는 그녀를 데려가게. 그녀는 이제 자네의 것일세. 왜냐하면 자네는 나에게서 결코 도망간 적이 없기 때문이지. 나는 그녀가 전쟁포로였다고 생각하지 않네. 아르메니아의 왕 역시, 아무런 몸값을 지불할 필요 없이 그대의 아내와 자식들을 데리고 가도 좋소. 그리고 그들이 자유인의 몸으로 그대에게 되돌아갔다는 사실을 알려주도록 하시오.'

키루스는 아르메니아뿐만 아니라 자기 나라보다 더 강한 나라를 계속 정복하면서 세계 역사상 '대왕'이라는 칭호를 처음으로 받은 왕이란다. 그런데 그렇게 승전보를 계속 울릴 수 있었던 그의 능력은 싸움을 잘해서이기도 하겠지만 그보다 더 숨겨진 '리더'로서의 '인간애'에 있었어.

엄마는 전쟁에서 이긴 키루스의 행보에 아주 놀랐어. 그 시대에서 지켜야 하는 법이나 상식과 전혀 맞지 않는 행동이었거든. 우리가 그 시대를 모두 이해하지는 못하지만, 전쟁이 끝나면 승전국과 패전국이 어떻게 되는지는 짐작할 수 있지 않니? 승리한 나라가 모든 영토는 물론, 영토 위의 생명이란 생명은 모두 소유할 권리를 가지지. 그 시대에는 패전한 나라의 백성은 전부 노예로 삼을 수 있었고 여자들, 심지어 왕의 부인까지 승전국 왕의 소유가 되었어. 전쟁에서 승리는 결국 모든 것을 빼앗을 수 있고, 전쟁에서 패하는 것은 모든 것이 빼앗기는 일이었지.

근데 키루스는 달랐단다.
사려가 정말 남달랐어.
한끗 차이!

키루스는 포로가 된 아르메니아 왕과 그의 가족들을 소유하기는커녕 그대로 살 수 있게 선처했어. 심지어 그의 자식들의 가정까지 지켜주었어. 또한 백성들도 자국으로 끌고 가 노예로 전락시키지 않고 오히려 그들이 장사해서 먹고 살 길을 열어 줬지. 이뿐만이 아니었어. 키루스 혼자만 그리 행하면 무슨 소용이 있겠니? 자국의 병사들이 이들을 괴롭혀서는 안되잖아. 그는 연설을 통해 '전쟁에서 이긴 사람들이 누릴 권리를 자제'하도록 설득했단다. 승자와 패자가 어울려 살 수 있도록, 서로 원수가 되지 않도록, 서로 이웃이 되어 더불어 살도록 만든 거야.

그러니 패전국의 왕부터 백성까지 모두, 자기 나라를 빼앗은 키루스였지만 더 존경하고 오히려 곡물을 바치며 오히려 자신들의 왕이 되어주어 고맙다고까지 했단다. 그러니 키루스는 정복하면 할수록 영토뿐만 아니라 '따르는 자'가 훨씬 많아진 거야. 더 큰 리더가 되어 갔던 것이지. 이것만으로도 엄마는 책 속으로 들어가서 진짜인지 확인하고 싶더라.

법률로 시민을 다스리지만 그 바탕은 **인본주의**가 깔린 '사람 중심'의 정치였지. 그것은 섬세하게 상황을 관찰하고 사려 깊게 한 번 더 생각하는 것으로부터였단다. 그의 이런 신뢰의 통치술이 군주론[8]을 쓴 마키아벨리의 이상적인 정치에 영향을 미친 것이지.

키루스는 지금 우리 사회에서 만연한 경쟁과 잃어가는 인본의 참 의미를 생각하게 해. '진정한 승리'란 상대를 굴복시키는 것이 아니라 인간적인 존엄을 세워줌으로써 자신을 더 크게 신뢰하도록 이끄는 것이야. 인간에 대한 믿음, 사람을 품는 포용, 그래서 사람들은 그를 **'정복자'가 아니라 '인본주의의 왕'**이라 부르는지도 모르겠다.

진정한 리더란
모두가 당연시 여기는 권리를 결코 당연하게 여기지 않는 사려.
모두가 탐내는 소유를 결코 인류의 덕에 위배시키지 않는 사려.

---

[8] 군주론 : 니콜로 마키아벨리가 집필한 책. 타인의 힘이 아니라 자신의 역량(비르투; virtù)과 수단(법과 군대)을 통해 정치 문제를 해결해야 한다고 역설하며, 필요(necèssità)에 따라서는 비도덕적인 정치 행위조차 불가피할 수 있다는 점도 강조

'사람을 중심'으로 한 번 더 깊이 사려하는 자란다.
셋째, 무엇이든 지속성을 유지해라!

'끝까지 용기를 추구하지 않는다면 그 용기가 지속되지 않기 때문이오. 승리는 용기만 보여준 자의 운이 될 수 있지만, 그 승리를 지키는 것은 자제력과 절제심 그리고 끊임없는 노력을 발휘하지 않는다면 결코 달성될 수 없는 일이오.'

'좋은 것을 얻는데 실패한 경험도 고통스럽지만, 좋은 것을 가지고 있다가 잃어버린 경험은 그것과는 비교할 수 없는 고통이오. 이점을 생각해 봅시다. 우리가 전보다 못한 사람이 되도록 내버려 둔다면 어떤 변명을 할 수 있겠소?'

우리가 전보다 못한 사람이 되도록 내버려둔다면...
어제보다 나은 오늘이 되지 않는다면
어떤 변명을 할 수 있겠소?
너무 멋진 말이지 않니?
이렇게만 된다면 '성장과 성공'은 당연히 따라오지 않을까?

그런데 대다수 사람이, 엄마도 마찬가지고. 얻은 결과가 너무 만족스러울 때 다음을 생각하지 않는 것 같아. 안주하고 누리려 하지. 물론 좋아! 하지만, 성공해서 결과가 손에 쥐어졌을 때 키루스가 말한 대로 어떻게 해야 '더 나은 내일', '지속적으로 나은 내일'을 만들어 갈 수 있을까? 키루스는 '지속'을 위해서 '절제와 자제'를 강조했어. 과연 뭘 절제하고 뭘 절제하지 말아야 할까?

성공한 바로 그 순간, 충분히 즐겨도 돼. 하지만 즐거움 다음에는 다시 초심을 되뇌이길 바란단다. 왜 이 일을 시작했는지, 목표가 가는 '방향'의 끝에는 무엇이 있는지, 그 가치를 다시 한번 진지하게 진심으로 돌아본다면, 분명. 지금의 성취가 네게 주는 메시지가 있을 거야. **현재의 결과에 대한 만족을 절제하고 도달하려던 방향으로의 더 큰 목표는 결코 절제하면 안된단다.** 지금 얻은 성취에 네가 어떤 반응을 하느냐에 따라 여기가 성취의 끝일지 아니면 다음으로 지속될지의 여부가 달려있다고 해도 과언은 아니야.

결과를 낸다는 것은 힘든 것이야.
성공은 아무나 하는 게 아니니까.
그런데 그 '성공'을 유지하는 것은 더 힘든 일이란다.

키루스는 경고했어. 가진 것을 잃어버리는 고통이 가지기 위한 고통보다 더 힘들다고. 성취를 지속적으로 이어가야만 더 큰 성취로 영속되겠지. **무엇이든 영원한 것은 없지만 무엇이든 '번영'이라는 자체목적을 가진단다. 즉, '성취'가 영속적으로 번영의 방향으로 향하게 하려면 '지속'이 전제되어야 하고, 그러려면 '성취'한 그 순간, 너의 자세가 너무나 중요하지.
그러니 성취한 그 지점부터 너는 더 큰 꿈을 꾸고 매일 어제보다 나은 오늘을 만들어 보렴. 단순하잖니? 주먹 불끈 쥐고 목표를 향하는 것보다 '어제보다 나은 오늘'만 만들면 되니까 말이야. 그렇게만 한다면 정말 어렵게 가진 것을 영속적으로 지닐 수 있단다.

그러기 위해 안주하고 싶은 마음, 만족에 취한 정신, 편함에 길들여진 신체를 절제하고 부자, 그것도 **진짜 선한 부자가 되겠다는 욕구는 절제하지 말아라.** 진짜 부자는 자신이 성취한 것을 나눌 수 있는 사람이야. 돈만 많은 부자 말고 가진 것을 환원할 줄 아는 부자 말이야.

계속 부자로 살겠다는 의미는
계속 나눌 것이 있어야 한다는 의미지?

계속 나눌 것이 샘솟는 삶은
당연히 손에 쥔 결과에
'만족보다 불만족'한 정신,
'안주하기보다 다시 걷는' 두 다리,
'어제보다 더 크게 나누려는' 마음이 필요해.
이렇게 네가 '지속'이라는 단어에 방점을 찍고 하루하루 움직이면 어느 순간 '절제'라는 단어는 '지속'이라는 단어로, '지속'은 '영속'이라는 단어로 변화된단다.
그렇게 '절제'가 '지속'이라는 단어로 바뀌는 순간 절제할 필요는 없어져.

엄마도 그렇단다. 처음엔 책을 출간하는 것을 목표로 했지만 1권을 출간하고 머물지 않았어. 이제 2번째 책이 출간을 앞둔 시점에서 네게 이 글을 쓴다만 엄마는 결코 '절제'하지 않아. '절제'할 필요가 없거든. '나아가야지! 나아가야지!' 하며 더 나은 내일을 만들겠다는 생각만 남겼단다. 그래서 '절제'를 지속함으로써 '절제'는 사라지고 '지속'이 남았어.

재미난 얘기해줄까?
풍요의 신 플루투스[9]는 장님이야. 그래서 그는 아무에게나 마음대로 부를 나눠. 하지만 네미시스[10]가 항상 그의 뒤를 따르며 부당하게 또는 과하게 또는 박하게 성취한 부에 대해서 다시 재분배를 한단다. 그러니 **'부(富)'를 지속적으로 유지하려면 네미시스의 판단에 네가 정당해야 하는 것이야. '부'란 자기의 능력을 최대한 끌어내어 아낌없이 키우고 나누는 것이란다.**

그렇게 정신부터 정서, 지식, 환경까지 두루두루 '잉여'를 만들어

---

9 플루투스(Ploutos) : 그리스 신화에 나오는 '부·풍요·풍작'의 신.
10 네미시스(Nemesis) : 그리스 신화에 나오는 '응보·보복·균형·정의의 회복'을 상징하는 여신.

야 해. 그러니 네가 일시적 성취에 만족하고 안주한다면 부는 거기서 멈춰 '지속'되지 않아. 자신이 가진 것만 만족하며 향락이나 자랑만 일삼는다면 네미시스가 반드시 어떤 방법으로든 응당한 대가를 치르게 할거야.

그러니 아이야,
지속이 지속되면 영원하겠지.
부자도 대물림 되지만 가난도 대물림 돼.
그러니 네가 성공한 것에 안주하지 않고
진정한 부를 지닌 리더가 되려면,
전보다 못한 사람이 되도록 널 내버려두지 말아라.

넷째, 권력말고 군집!

'여러분이 용감하다는 사실이 그들의 눈에 비춰지면, 그것은 여러분이 동료를 가르치는 것일 뿐만 아니라 단지 준칙으로써만이 아닌 하나의 실례로 용감하게 된 것을 다른 많은 사람들에게 가르쳐주게 될 것이오.'

'키루스는 또한 가장 훌륭하고 세련된 덕을 과시하는 사람보다는 주저하지 않고 복종할 줄 아는 사람에게 자신이 직접 존중하는 태도를 보인다면, 자신의 부하들에게도 복종의 정신이 깊

이 뿌리 내릴 수 있으리라고 생각했다.'
 '이와 같이 무장을 한 상태에서 우리들 중 어느 누가 용기를 제외하고는 다른 사람보다 유리하다고 말할 수 있겠소? 여러분은 우리만큼 마음속에 용기를 품고 있는 것이 좋을 것이오. 여러분이 승리를 갈망하는 마음보다 우리에게 더 적절한 것이 무엇이겠소? 그것이야말로 모든 아름답고 선한 것들을 안전하게 지켜줄 것이오.'

자기 자신이 실례(實例)가 되는 것.
자기 자신이 증명이 되고 증거가 되는 삶.

그렇게 '자신이 보여주고 보여짐'으로써 부하들의 복종의 정신이 깊이 뿌리내릴 수 있다는, 키루스가 부하들의 행동을 이끄는 정신은 결국, 진정한 교육[11]을 실천하는 것이란다.

아이야,
넌 사회가 아름다워지길 바라지?
그렇다면, 네가 먼저 아름다운 사람이 되어야 한단다.
네가 존중받길 원한다면 네가 먼저 존중하는 사람이,
네 곁에 좋은 사람이 있길 바란다면 네가 먼저 좋은 사람이 되어야 하지.

---

11 교육(education)의 어원은 '밖으로(ex) + 드러내다(duce)'이다.

이렇게 **내가 곁에 두고 싶은 사람, 상대에게 바라는 모습을 먼저 보여주면 바로 그런 사람이 내 주위로 모이게 되고 그 사람 주변으로 또 그런 사람이, 또 그 옆에 그런 사람이. 이렇게 '군집'을 이루게 된단다.** 우리가 흔히 끼리끼리, 유유상종이라고 부르는 말이 그런 의미겠지?

왜 책 제목이 '키루스의 리더십'이 아니라 '키루스의 교육'일까? 키루스의 보이는 행위 하나하나가 다 '교육'이란 의미가 아닐까? 그러고 보면, 세상 모든 사람들은 다 '교육자'여야 하는 것 같아. 너도 누군가에게 보여지는 것 자체로 영향을 주는 사람이야. 그러니 너와 함께 있으면 네 곁의 사람이 안전하고 편안하고 또 여러 가지 면에서 배울 점이 많은 사람이길 엄마는 원해. 이런 사람이 진짜 리더인거야.

권력을 내세우고 목소리가 커서
군림하는 사람이 아니라 보여짐으로써
군집을 형성하는 사람.

전쟁터에서 키루스가 직접 부하들에게 존중하는 태도를 보인다는 것은 사실 얼마나 힘들고 어려운 일이겠니? 지금보다 당시는 더더욱 신분이 철저한 사회였을 텐데 말이야. 그런데도 불구하고 그렇게 부하들에게 '보여지는 모습' 자체로 스며들면서 '유리한 무장'

을 한 셈이지. 정신의 무장. 신뢰의 무장. 그리고 그것이야말로 승리를 갈망하는 마음에 가장 적절한, 모든 아름답고 선한 것을 안전하게 지켜줄 무장이 된 셈이야.

아이야,
너와 같은 사람 10명이 있다면 세상은 어떨 것 같아?
100명이라면 세상이 어떻게 변할까?
그렇게 너 같은 사람이 군집을 이룬다면?
자, 어떨 것 같니?

키루스의 부하 가운데 한 사람이 '분대원 10명을 모두 자신과 같은 사람'으로 만들어 내는 것을 긍지로 여긴대. 그렇다면 '자신은 이미 괜찮은 사람'이라면서 말이야. 너도 그렇지 않겠니? 너 한 사람이 세상에 이로움을 보태는 것에 10명, 100명이 보태진다면 그 에너지의 응집은 엄청난 밀도로 폭발하겠지. 이렇게 시너지를 일으키는 자가 진정한 리더란다.

보여져도 괜찮은, 따라해도 괜찮은 사람.
엄마도 그런 사람이 되어 보려 해.
너도 그러한 어른다운 어른이 되길 바라고.
사람이 모여 에너지가 되고 그 에너지가 세상을 변화시키는,
그 시작을 머리로 이해하고 두 발로 실천하는 자가 바로 리더란다.

다섯째, 사유의 품격을 갖춰라!

키악사레스께서 당신에게 가능한 한 빨리 오라고 하셨습니다. 더욱이 그 분은 당신을 위해 매우 아름다운 옷을 보내셨습니다. (중략) 이렇게 아름다운 옷을 보내어 당신이 입고 오시도록 한 것이지요.

그들이 그와 같이 대열을 정비하는 동안, 키루스는 전혀 화려해 보이지 않은 페르시아식 옷을 입은 채 키악사레스 앞으로 나아갔다. 키악사레스는 키루스가 그렇게 신속하게 달려 온 것은 기뻐했으나, 그의 옷이 너무 평범한 것을 보고는 불쾌해했다.

"나는 자네가 가능한 한 장엄한 모습으로 나타나기를 바랐다. 왜냐하면 내 누이의 아들이 가능한 한 훌륭한 모습으로 나타나는 게 나에 대한 존경의 표시이니까 말이야." 키루스가 이에 대답했다. "만일 제가 보라색 옷으로 성장을 하고, 팔찌로 치장하며, 목걸이를 걸친 채 느긋하게 외삼촌의 명령에 복종한다면, 그것이 이렇게 많은 수의 유능한 병사들을 데리고 급히 달려와 명령에 복종하는 것보다 외삼촌에게 더 존경심을 보이는 것이라고 생각하십니까? 외삼촌에 대한 존경을 표하기 위해, 저는 지금 땀으로 치장을 하고 급히 달려오는 표시를 한 것입니다. 저는 다른 사람에게도 이와 같은 방식으로 외삼촌에게 복종하라고 일렀습니다."

키악사레스는 키루스의 외삼촌이지만 왕이야. 왕이 하사한 옷을 거부하고 땀범벅인 전쟁터에서 입던 옷을 그대로 입고 왕 앞에 나타났어. 게다가 인도사절단이 와 있던 상황이었단 말이야. 왕은 사절단에게 키루스의 멋진 모습을 보이고 싶었고.

엄마는 키루스의 태도에 담긴 진실성과 지혜에 너무나 놀랐어. 우선, 자신이 훈련 시킨 병사의 대열을 정비한 일사불란한 모습을 사절단에게 있는 그대로 보여준 모습, 자신이 땀범벅이 된 그대로 사절단 앞에 나타난 모습. 어떠니? 네가 사절단이라면 전쟁의 장수가 화려한 치장을 하고 오면 믿겠니, 용맹한 모습 그대로를 보면 믿겠니? 이는 오히려 '나라의 힘과 질서'에 대해 사절단이 더 신뢰하도록 이끈 탁월한 지혜였지. 오히려 전쟁 준비가 잘 되어 가고 있음을 암시한 지혜였어.

아이야, 키루스의 판단과 행동이 너무나 근사하지 않니?
그리고 또 있어. 어떻게 '왕'이라는 권력 앞에서 자신의 뜻을 논리적으로 설득할 수 있었을까? 이는 평소 자신의 주장에 스스로 수긍되게 늘 훈련을 했기 때문일 거야. 그러니 왕 앞에서도 저항이 아닌 논리적인 설득을 해낸 것이지. 명령을 어기긴 했지만 왕은 결국, 분노를 거두고 오히려 조카인 키루스를 존경하게 됐단다.

진짜 존경이란 어떤 것인지
설득의 지성이란, 그리고 지혜란 무엇인지
진짜 국력, 즉 힘이란 겉이 아닌 정신 속에 있다는 것까지
그는 '하사한 옷' 하나를 거부함으로써 모두 보여준 것이란다.

자신의 뜻을 지닌 사람도 소수지만
그 뜻을, 권력을 가진 힘이 있는 윗사람에게 '양심'과 '진실'을 기준으로 해서 관철시킬 수 있는 용기 있는 사람은 더 소수일 거야.

솔직히 하사한 옷으로 갈아입는 것이 그렇게도 양심을 어기거나 뜻을 거스르는 일은 아니잖아. 어쩌면 별것도 아니거든. 그런데도, 키루스는 오히려 왕의 하사를 거부하더라도 자신의 진실된 판단이 자신뿐만 아니라 왕, 나라까지 모두에게 진심 어린 충성과 존경임을 행동과 말로 보여준 것이야. 옷 하나 바꿔 입는 것은 충분히 할 수 있는 일이지만 엄마는 그에게서 외적으로만이 아닌, 내면의 성숙한 리더의 모습을 배웠어.

작은 것 하나에도 양심에 따라 반응하고
지혜로운 지성으로 판단하는,
훈련된 자만이 지닐 수 있는 내적 깊이를 소유한 자야말로
진정한 리더란다.

여섯째, 내 안의 신성을 믿어라!

'역경에 처했을 때 신에게 아첨하지 않으며, 가장 발전하고 있을 때 무엇보다도 신을 기억하는 자는 사람에게서 힘을 얻을 뿐만 아니라 신과 함께 함으로써 더욱더 힘을 얻게 된다고 하셨는데, 저는 그 말씀을 기억하고 있습니다.'

'그러나 신이 모든 사람에게 충고해 주기를 원치 않는다면, 그것은 놀라운 일이 아니다. 왜냐하면 그들이 원하지 않는 경우, 신은 누군가를 돌보아 주어야만 한다는 강압을 받지 않기 때문이다.'

'인간의 지혜란 마치 제비뽑기를 할 때 어떻게 나올지 모르는 것과 마찬가지로 무엇이 최상인지를 선택하는 방법에 대해 모른다는 것을 우리가 보게 된다. 그러나 애야, 영원한 신들은 과거에 이미 일어났고, 현재에도 일어나고 있으며, 과거나 현재의 결과도 미래에 일어날 모든 것들을 알고 있다. 그리고 인간이 신에게 상의한다면 그들은 자신이 호의를 품고 있는 사람들에게는 무엇을 해야 하고 무엇을 하지 말아야 하는지를 계시해 준단다.'

아이야. 키루스의 아버지는 키루스에게 '신(神)'과 함께 하라고 말하는구나. 엄마는 종교가 없지만 '신'의 존재를 믿지. 너희들 키우면서 시련이 올 때 엄마도 모르게 두 손을 모으고 '내게 힘을 주세요.'하고 누군가에게 기도하곤 했거든.

인간은 태어나면서 현실의 자신과 초월된 자신으로 태어난다잖아. 철학자 '아미엘[12]'이 신이 인간을 일일이 돌보지 못해서 가슴에 심어둔 양심이 '신탁', 그러니까 신의 부탁이라고 한 것을 보면 인간 안에 신의 뜻이 심겨져 있는 것 같아. 그것을 우리는 '신성(神性)', 즉, 신의 성질이라고 부르지. 네게도 있단다. 우리 모두에게 있지.

엄마도 엄마 안의 신성을 느껴. 그 힘이 얼마나 대단한지 엄마가 전혀 해내지 못할 것 같은 일을 해내게 했거든. 너희도 알다시피 올빼미형 엄마를 단 하루 만에 새벽형 인간으로 만들어 버렸고 벌써 1년이 지나도록 엄마는 새벽 4시면 책상 앞에 앉지. 그리고 책을 읽고 너희에게 지금처럼 편지를 써. 이는 엄마의 의지가 아닌 더 큰 의지가 엄마 안에 있는 것 같아.

긴 시간 엄마는 직관적으로 들어온 무언가를 엄마의 생각만으로 가능성에 한계를 그어버렸었어. '의심'이 많았었나 봐. '이렇게 한다고 될까?'하면서 포기에 정당한 이유부터 찾았을지도 몰라. 하

---

12 앙리 프레데릭 아미엘(프랑스어: Henri-Frédéric Amiel, 1821~1881) ; 스위스계 프랑스 철학자

지만, 이제 엄마는 **내면의 신성이 가진 힘**을 서서히 체화하면서 그냥 흐름대로 따르고 있어. 요즘 엄마는 다시 삶을 배우는 느낌이야. 이 말은 엄마 안의 힘이 엄마를 이끄는 느낌이랄까. 긴 시간 꿈에 대해 생각하지 않았던 엄마가 꿈으로 미래를 향하며 '된다'는 믿음까지 확고해지는게 그저 놀라울 정도야.

아이야, 네 안에도 있단다. 널 감싸고 있는 어떤 거대한 힘 말이야. 키루스의 글에서 엄마는 '마땅히'라는 단어가 눈에 들어오는구나. '마땅히'. 네가 바라는 것이라면 무엇이든 마땅하게 해야 할 것이라 여기고 도전해보는 거야.

누구에게나 새로운 일에는 되고 싶은 마음과 의심하는 마음 두 가지가 함께 오지. 하지만 대부분의 사람들은 '되고 싶은 마음'은 간절해도 '의심하는 마음'이 앞서. 그런데, **'마땅히' 해야 하는 일이라고 생각해 봐. 마땅히 씻어야 하고 마땅히 운동해야 하고 마땅히 그 일을 해내야 한다면 하기 싫고 어렵고 고통스럽다는 감정이 제아무리 널 힘들게 해도 해내게 되잖아.**

'우리의 힘 너머에 있는 것은 신경쓰지 말고'. 그러니까 미래는 누구에게나 불확실해. 미래에 펼쳐질 성취는 우리 힘 밖에 있단다. 미래는 가능성을 여는 곳이잖아. 그러니 가능성을 보고 '마땅히' 해내야 할 숙제라 여기며 하루하루를 보내 봐. 그러면 '자신에게 호의를 품고 있는 사람' 즉, 자기 안의 힘을 믿는 사람에게는 신이 무엇을 해야 하고 하지 말아야 할지 방법까지 알려준다니 네가 원하는 것이 있다면 그냥 부딪혀 보렴.

리더란, 앞서 말했듯 **'보여주는' 자체가 존경의 대상이 되는 사람**이잖아. 네가 너의 미래를 믿고 매일 해야 할 것을 마땅히 해낸다면 너와 함께 하는 모든 이들도 그렇게 너를 닮아갈 것이야. 그렇게 하루하루를 보내는 행위가 바로 '신성'을 깨우는 것이며 그렇게 믿고 움직이는 너에게 신은 호의를 베풀 것이란다.

일곱째, 준비되지 않고 바라는 것은 무지!

'사람과 싸우는 것이 아니라 실제 사실과 씨름해야 하는 경우가 있는데, 어려움 없이 이것을 얻기란 쉽지 않다는 것을 말해주고 싶구나.'

'말타기를 배우지 못한 사람은 신에게 기병전에서 승리하도록 해달라고 요청할 권리가 없고, 활쏘기를 어떻게 하는지 모르는 사람은 그것을 아는 사람보다 궁수로서 그를 능가할 수 있는 권리가 없으며, 배를 항해할 줄 모르는 사람은 배가 나아갈 방향을 찾아서 배를 구할 수 있도록 기도할 권리가 없다고 아버지께서 말씀하시곤 했던 것을 기억합니다. 파종하지 않은 사람은 좋은 수확을 하게 해달라고 기도할 권리가 없으며, 전쟁터에서 주의 깊지 않은 사람은 자신을 보존케 해달라고 기도할 수 없습니다.'

아이야, 우리는 어떤 문제 앞에서 실제 사실보다는 감정에 지배당하곤 해. '사람과 싸우는 것이 아니라 실제 사실과 씨름해야 한다'는 키루스의 말에서 **우리가 세상에서 맞서야 할 것은 사람의 감정이나 관계가 아니라 사실이나 진실, 현실 그 자체여야 한다**는 것을 배울 수 있지.

엄마도 자격증 시험을 준비하면서 '공부'를 해야 하는 것이 '사실'인데 공부보다는 '감정'에 많이 치우쳤었어. 하기 싫은 감정, 미래에 대한 의심과 걱정 등 말이야. 그렇게 감정제어나 조절이 어렵다 보니 결과는 불합격이었지만 엄마는 결과에 굴복하지 못하고 후회하며 미련스럽게 공부 못한 탓을 다른 곳에 두었지.

이렇게 '사실'을 보지 못하면 '준비'에 미흡할 수밖에 없고 괜한 관계에 탓을 돌리면서 바라는 '결과'도 얻기 어렵단다. 관계에서도 마찬가지지. 리더는 '사실'을 해결함으로서 실력으로 결과를 드러내는 사람이어야 해.

'어려움 없이 얻기란 쉽지 않은' 게 삶이야. 엄마는 '불합격'이라는 사실과 마주하는 것부터 어려웠단다. 이 자체가 성장인데도 마음으로 용인되지 않더구나. 키루스의 아버지가 예시로 든 말타기, 활쏘기, 항해, 파종, 전쟁터. 이 모든 비유들에서 '준비되지 않고서 결과를 바라는 자는 어리석다'는 사실을 우리는 알 수 있지. 70까지 준비하고서 어떻게 100을 바라겠니?

준비없이 결과를 바라는 것은 요행(僥倖)을 바라는 무책임이며
노력없이 명중시키겠다는 것은 배움을 모르는 무지이며
행동없이 바라는 것은 실패를 예고하는 모순에 빠진 것이란다.

진정한 기도와 바람은 행동의 연장선에서만 이뤄진단다. 그러니 준비되지 않은 사람은 바래서는 안 된다는 말은 진리야. 행동으로 연마하고 사실로서 결과를 드러내는 자가 리더야.

행동없는 기도는 자만이고
준비없는 바람은 탐욕이고
노력없는 희망은 망상이란다.

여덟째, 존재의 가치는 말과 행동으로 드러나지!

'키루스는 어떤 사람을 칭찬하려면 언제나 그의 이름을 불러주는 것이 당연하다고 생각했다. (중략) 이름을 부르지 않고 명령

하면 누구나 자기들끼리 얼굴을 쳐다보면서 아무도 명령에 따르지 않을 것이라는 게 그의 생각이었다. 그럴 경우 모두가 욕을 먹지만 많은 사람이 그 욕을 나누어 먹기 때문에 결국은 아무도 수치심이나 두려움을 느끼지 않을 터였다. 이런 이유로 키루스는 부하들이 이름을 각기 거명하면서 명령을 하달했다.'

'그들을 야바위꾼이라고 부르지 말게. (중략) 친구들을 즐겁게 해주기 위해서, 그들 자신의 어떤 이익을 얻거나 듣는 사람들한테 어떤 대가를 치르게 하거나, 또는 다른 사람들에게 전혀 해를 끼치지 않는 그와 같은 이야기를 발명하는 사람들은 '야바위꾼'이라는 말보다 오히려 '재치가 있다'거나 '즐겁게 해주는' 사람이라고 부르는 것이 더 낫지 않은가?'

키루스는 왜 병사들의 이름을 하나하나 불렀을까?
사람은 태어나 이름을 부여받고 그 이름을 통해 사회 속에서 자신의 존재와 정체성을 드러내지. '이름이 불리는 순간'에 내 안의 나는 '부름'을 받고 '형상'으로 존재하게 된단다.

인간은 누구나 나의 존재를 알아주는 사람에게 끌리지 않겠니? '야!'라고 불특정 다수 중 하나로 불리는 게 아닌 '지경아!'라고 나만의 이름으로 불릴 때의 마음은 전혀 다르잖아.
그런 의미에서 키루스가 병사들의 이름을 불렀다는 것은 한 사람

한 사람을 '존재'로 빛나게 한 행위란다. 이름이 불린 병사는, 수많은 병사들 속에서도 자신의 '존재'를 인정받은 깊은 경험을 한 것이야.

**이름을 부르고 불린다는 것은
서로 어떤 정체성이 교환되는 순간이란다.
정체성이 교환된다는 건
서로에게 책임을 지겠다는 마음이 싹트는 출발점이지.**

학기 초 선생님의 첫 호명, 길고양이에게 '나비야'라고 불러주는 순간, 또 괜찮은 별명을 정겹게 불러주는 애교 섞인 행동 하나까지, 이 모든 행위는 상대를 존중하는 마음이 담긴 관계의 신호야.

아이야,
이름은 곧 정체성이란다.
호명 하나가 관계의 질을 바꾸는 시작이 되지.
이름은 단순한 호칭이 아니라 '존재의 형상'이야.
이름이 불릴 때, '나'라는 존재의 온기도 느끼게 되지.

그러니, 누군가의 이름을 예사로 부르거나 악의를 담아 부르면 안 되겠지. 엄마도 사실 엄마의 이름에 대해 깊이 생각해 본 적이 없었어. 그저 늘 불리니까 당연한 것으로 여겼던 거야. 어떤 때엔 이

름이 마음에 들지 않기도 했지,

그런데 어느 날, 지인이 그러더라. '이름에 함의된 뜻을 새겨 보라'고. 그 말을 듣고 처음으로 박지경(朴芝俓)이라는 엄마 이름을 가만히 들여다 봤어. 芝(지초 지), 俓(지름길 경). '시작의 추진력으로 끝의 목표까지 정도(正道)를 지키며, 그 힘을 바탕으로 올바르게 살아가는 사람'. 이게 바로 엄마라는 사람에게 부여된 이름이더라. 이제, 이름에 부여된 의미를 실제 가슴으로 느꼈고 믿으니, 믿는 대로 될 일만 남았네.

아이야,
이름을 통해 우리는 자신의 가치를 스스로 부여할 수 있단다.
이름에 자기 존재의 의미를 새겨넣고 그 이름을 반복해 부르는 것은 그 의미의 깊이를 쌓는 것과 같아. 그래서 부르는 것만으로도 이름은 드높아지고, 존재는 단단해질 수 있어. '이름을 부르고 불리는 행위'를 통해 우리는 자기존재에 대한 신뢰와 사랑을 얻을 수 있지.

자기이름, 자기정체를 부정하는 자가 어떻게 리더가 되겠니?
또 누군가의 이름을 함부로 비하해서 부르는 자가 어찌 진정한 리더라 할 수 있겠니?

아홉째, 옳은지를 끝까지!

'너는 네가 발견하는 길을 잘 선용해야 한다. 너는 이 모든 것을 관찰하고, 네가 생각하기에 그들보다 더 취약하다고 여기는 곳에 특별한 경계를 더욱 늘려야 한다. (중략) 나는 이 도시를 약탈만 하고 싶지 않소. 약탈당한 다음에는 파괴될 게 뻔하니까 말이오. 나는 약탈이란 최악의 인간이 최대의 몫을 얻는 수단이라고 확신하오. (중략) '많은 것을 가진 사람은 응당 신을 위해, 친구를 위해, 또 자기 집 문으로 들어오는 나그네들을 위해 많은 것을 베풀어야 한다네. 그러니까 확실히 말하건대, 돈을 소유하는 데 지나친 쾌락을 느끼는 사람은 누구나 돈을 써야 한다는데 지나친 아픔을 겪는다네.'

엄마가 역사를 잘 아는 건 아니지만 전쟁으로 패하면 나라를 잃은 백성은 결국 승전국의 백성이 되잖아. 우리도 과거 식민지 시대를 겪었지. 물론 영화나 다큐멘터리로 보고 들은 간접경험에 불과하지만, 그 시대의 아픔은 여전히 우리 민족의 정신에 고스란히 남아 있어. 일제 침략기 시절, 우리나라만 봐도 알 수 있지 않니? 전쟁에서 패한 우리는 모든 것을 '약탈'당했잖아. 심지어 언어와 이름까지도. 졌으니까 빼앗기는 것은 전쟁의 결과야.

그런데 키루스의 말은 너무나 의미가 있지 않니?

'이 도시를 약탈만 하고 싶지 않소.
 약탈이란 최악의 인간이 최대의 몫을 얻는 수단'

그래, 나쁜 놈이 모두 차지하는 게 '약탈'이야. 전쟁은 그런 거야. 그런데 키루스는 달랐단다. 약자를 착취하고 무분별하게 공동체를 파괴하고 상대를 무너뜨리지 않았어. 오히려 승리와 패배의 경계를 허물었지. 승리한 자신의 병사와 백성들이 패전국의 약자들을 돕게 했단다. 전쟁에서 약탈은 당연하다고 여기는 시대에 약탈을 공유로 이어갔어.

소유는 나눔의 의무가 따른다고,
재물을 지닌다는 것은 곧 책임을 지니는 것이라고,
그러니,
부의 독점은 정의롭지 못하다고 판단했던 것이지.
전쟁이 끝난 뒤에는 세심하게 둘러보고
자기가 소유한 것을 모두에게 이롭도록 선용(善用)했단다.

엄마는 이 사례야말로 리더가 지녀야 할 '공유', '윤리', '선한 부'에 대한 가장 본질적인 정신과 마음의 태도가 아닐까 해. 말 그대로 'Non-zero sum'. 어떤 이해관계에 의해 어쩔 수 없이 벌어진 전쟁이라 할지라도 모두가 잘 사는 나라가 되어야 하고 인간에게 지켜야 하는 윤리는 지켜내야 한다는, 자신이 소중하게 여기는 가치를 실천하는 리더였어.

아이야,
재물과 권력을 지닌 자가 리더가 아니란다.
이를 소유와 쾌락의 수단이 아닌,
공동체를 보호하고 약자를 지켜내는
책임의 수단으로 실천하는 자야말로 리더란다.

엄마는 키루스를 통해 '진정한 리더'를 배웠단다. 올해 가장 잘한 일을 하나만 꼽으라면 아마 이 책을 손에서 놓지 않았다는 걸 꼽을 거야. 그리고 책을 덮으면서 몇 가지 의문이 들었어.

왜 철학자 크세노폰은
그 많은 위대한 자들 가운데 하필 키루스였을까?
왜 이렇게까지 긴 글로 그의 정신과 실천을 남겨야 했을까?

소크라테스의 제자였던 크세노폰의 의도는 단순히 한 위인의 전기를 남기려는 게 아니었단다. 그는 '이상적인 리더십'을 통해 '현실적인 통치술'을 설파하고 싶었던 거야. 당시 혼란스러운 아테네의 무책임한 정치인들에 대한 실망을 경고한 것일지도 모르지. 나라가 혼란할 때 백성들은 묻고 바라겠지. **'윤리와 정의, 그리고 철학으로 백성을 다스리는 리더는 없을까?'** 라고. 크세노폰은 그 해답으로 키루스를 내세웠단다. 그에게 키루스는 '본이 되어 마땅한 상징적 리더'였던 것이지.

몸에 필요한 딱 맞는 절제와 필요,
한 끗의 사려깊음을 날카롭게 꿰뚫는 시선,
성취에서 다시 시작하는 지속성,
자신의 영역을 군집함으로 밀도 있게 성장하는 힘의 발현,
스스로 뜻을 세워 그 뜻에 따르는 정도,
내 안의 신성에 대한 믿음,
준비된 사람만이 운을 바랄 수 있는 자세,
'존재'의 정체성을 만드는 힘,
그리고 공동체를 살아가면서 필요한 윤리의식까지.
어디를 보더라도 키루스는 크세노폰에게 '정답'이었을 거야.

크세노폰이 키루스를 통해 계승하고자 하는 것을 『키루스의 교육』에 담은 것처럼 엄마도 너에게 편지를 쓰는 이유는 아마 비슷한 마음일 거야. 책을 읽어 나가면서 해석은 우리의 몫이지만 크세노폰의 뜻에 반하게 책을 읽지는 않겠지. 너도 엄마의 마음을 벌써 읽었을지도 몰라.

글솜씨 없는 엄마도 너에게 엄마의 뜻을 잘 전하고 싶어. 『키루스의 교육』을 읽어내려고 1년간 책을 옆에 두었고 본격적으로 6개

월을 깊이있게 의미를 이해하려 했었단다. 아마 지금의 엄마 수준에서겠지만 말이야. 하지만 다음번에 또 키루스를 읽는다면 아마도 앞에서 말한 것과 더불어 또 다른 것들이 보일 거야. 그렇게 책을 읽고 실천으로 성장한 것을 또 책을 통해 알아채고, 다시 책의 내용을 실천해서 체화하겠지. 그렇게 깊어질 거야.

책의 좋은 뜻을 읽어내는 것도 중요하지만 책에서 스스로 의미를 찾아 실천해 보는 즐거움도 네가 만끽했으면 해. 삶으로 이어갈 책 속에 푹 빠진다면 그것처럼 빠르게 너를 성장시키는 것은 없단다.

우리가 키루스의 정신과 실천을 조금이라도 닮는다면,
엄마가 먼저 이를 닮아 네게 보여줄 수 있다면,
그렇게 너도 네 주변에 보여줄 수 있도록 실천한다면,
말 그대로 『키루스의 교육』이 보편적 삶이 되겠지.
'교육이란 보여주는 것'이라고 앞에 한 말 기억하지?

그래서 너에게 엄마는 말로만이 아닌 실천하는 모습을 보여주려 해. 그렇게 변함없이 어려움도 즐겁게 해나간다면 너도 엄마에게 스며들겠지.

이제 엄마도 '리더'니까.
그리고 엄마가 보여주는 것이 '교육'이니까 말이야.

가고 싶소

가고 싶소
당신이 보여준 그 세상

가고 싶소
내가 오롯이
나로서 살아가는 세상

당신이 말하는
자유로운 세상에
정말 가고 싶소

나에게 집중한
아름답고 고독한 시간이
만인에게 이로움을 주는
이기가 이타 될 시간

나의 충만함이
세상에 선함으로 번져 나가
부자들이 사는 세상
정말 가고 싶소

모두가 모여 각자의 자기를 이야기하고
가두어졌던 울타리를 넘어뜨려
실패와 혼돈으로 성장을 이루어내는
아! 찬란한 안정의 세상
그 풍요로운 세계에
나도 가고 싶소

마침내
나의 자유가 모두의 자유로
나의 성장이 우리의 성장으로
나의 부가 함께의 부로
나의 위대함이 전체의 위대함으로

우주의 시간이 나에게 있는
열심히가 아닌 가치 있게 사는

그 세상
가고 싶소

너를 지우지 마

아이야.

엄마가 너를 키우며 제일 많이 했던 말이 뭔지 아니?

바로 '사랑해'와 '아이, 착해.'야.

어린 너의 볼에 뽀뽀하며 '사랑해'라고 말하면, 너는 '나도 사랑해.'라고 대답했지. 밥을 잘 먹어도, 대소변을 가려도, 심지어 기저귀를 뗀 것도 모두 착하다고 말하며 너를 키웠어. 엄마 말을 잘 들으면 착한 아이고, 따라서 하라는 대로 하면 착하다는 소리를 들었지.

너는 학교에서도 착실한 학생이었어.

엄마는 그런 널 보며 착하다고 좋아했고.

아뿔싸, 그런데 어느 날,
네가 힘들다고 했을 때, 엄마는 그래서 가슴이 무너졌단다.
이렇게 착한 내 딸이,
누구보다 착한 네가,
선생님 말씀 잘 듣고,
맡은 역할 착실하게 해내는 네가,
왜 힘들어야 하는지,
왜 친구들 사이에서 답답한 아이가 되는 건지
엄마는 모르겠더라...

언제부터 착함 속에 답답함이 있었던 거지?
그런데 말이야. 생각해 보면 엄마 역시 착한 사람을 좋아하지만, 착하기만 한 사람을 보면 안타까울 때가 있었어. 왜냐하면 누구나 인정하는 착한 사람인데, 삶은 그다지 편안해 보이지 않았어. 유난히 착한 사람인데 치매에 걸리거나, 심한 우울증으로 힘들어하거나 극단적으로 생을 마감하는 경우도 봤지.

그걸 알면서도 엄마는 너의 말과 행동을 '착하다'는 형용사에 가둬서 키웠어. 말 잘 듣는 아이는 키우기 쉽고, 사회에서도 좋아하거든. 착한 사람은 언행이나 마음씨가 곱고 바르며 상냥한 사람이지. 타인을 배려하고, 부탁을 거절하지 않으며, 손해나 불이익을 감수하는 태도에 '착하다'는 말을 듣지...

아이야,
'착하다'는 칭찬을 받는 것은 좋지만
'착함'의 행위가 네가 아니라 상대를 향해 있지 않니?

자기로 들어차야 하는 내면에 자기 뜻도, 자기 감정도 없으니 마음은 비어가고 그 빈 자리에 타인의 기준과 타인의 감정을 살피는 눈치만 자리잡으니 마음의 양분을 갈구하는 정신은 쇠약해지고 '착하다'는 칭찬에 길들여진 자신은 자기 삶에서 서서히 지워지지. '착함'은 그렇게 급기야 정신적, 신체적 소멸을 불러오는 것은 아닐까?

그렇다면,
한없이 착하게만 사는 것은 옳은 것이 아닌데 엄마는 그걸 몰랐어.

사람은 태어나면서 부여된 본성이 있단다.
아무도 가르쳐주지 않았지만, 생존과 안전을 위해 자동적으로 나타나는 행동이 본능이라면, 본성은 그 사람의 고유한 성품이나 감정이야. 논어에 '성상근야 습상원야(性相近也 習相遠也)'라는 문장이 있어. 사람은 태어날 때 비슷한 성품을 지니지만, 시간이 지나며 배운 습관에 따라 서로 달라진다는 말이지. 본능은 변하지 않지만 본성은 경험과 성장에 따라 변할 수 있단다.

착한 성질은 타고난 것이니 본성에 가깝겠지? 성선설, 성악설에 관한 이야기가 아니야. 태어날 때 가지고 나온 개인만의 성질을 말하는 거야. 본성이 본디 여리고 순하고 참을성이 강하고 이해심이 있는 사람이라면, 그 사람의 착함은 본성에 따른 것이니 아무 문제가 되지 않아. 하지만 그렇지 않을 경우도 있어. 본성은 착하지 않은데 물론 악하지도 않아. 평범하게 태어난 사람이 환경에 적응하며 자의적, 타의적으로 착한 사람이 되는 것이 문제란다. 엄마는, 엄마처럼 혹은 너처럼 착한 사람으로 만들어지고, 만들어진 착함으로 살아가는 사람들에 관한 이야기를 나누고 싶어.

착한 사람은 참고 견디는 일에 익숙하단다.
익숙하다는 것은 자주 겪었다는 말이야. 처음에는 무심코, 아무 생각 없이 착한 행동을 했는데, 결과가 꽤 괜찮아. 착하다고 칭찬받고, 사람들이 좋아해. 어? 착하게 행동하면 좋은 거네? 그런데 착하려면 생각을 드러내지 않고, 군말 없이 따라야 하잖아? 그럼 뭐 어때? 착하다고 하는데. 욕망을 참고, 생각을 참고, 올라오는 본능을 참아. 그러면 칭찬받는 착한 사람이 되는 거야.

착한 사람은 칭찬을 좋아해.
착한 사람은 아주 작은 비난도 견딜 힘이 없어, 그래서 비난받을 짓을 하지 않아. 상대가 원하는 대로 움직이면 칭찬을 받는다는 것을 알기 때문에, 어떻게 하면 칭찬을 받을까를 먼저 생각하고 행동해. 착한 사람을 움직이게 하는 건 어쩌면 '선'이 아니라 '칭찬'이 아닐까. 인정받으려면 상대가 원하는 것이 무엇인지 파악해야겠지? 결국 착한 사람은 눈치를 보게 돼. 이건가? 저건가? 고민하는 사이 자신의 사고와 감정은 점점 지워지지. 칭찬은 인정을, 인정은 눈치를, 눈치는 자기 소멸을 가져온단다.

착한 사람은 선택이 힘들어.
아이들은 도전과 실패와 성취를 반복하며 성장해. 입학과 졸업, 과제와 시험 등의 과정을 통해 사회에 나갈 준비를 해. 그런데 착한 사람은 선택이 힘들어. 실패 앞에서 쉽게 좌절하고 포기하려 해. 여기에는 엄마의 역할도 한몫한단다.

엄마가 망설이는 아이를 참고 기다려주면 괜찮은데 대부분의 엄마는 참을성이 없어. 머뭇거리는 아이를 대신해 선택하고 결정해 버리지. 엄마가 아예 목표를 정해버릴 때도 있어. 아이는 고민할 필요가 없으니 어쩌면 편하게 느낄지도 몰라. 그리고 '엄마 말 잘 듣는다고 칭찬' 받지. 선택하지 않았는데, 잘 따라온다고 칭찬을 받아. 그리고 그런 일이 반복되다 보면 부모나 선생님처럼 권위 있는 사람에게 의존하게 돼. 물론 긍정의 권위에 의존하는 것은 괜찮아. 하지만 권력을 휘두르는 권위에 의존하면 안 된다는 의미야. 도전은 점점 두렵고, 포기는 빠른 사람이 되거든.

착한 사람은 반성문을 잘 써.
반성은 착한 행위의 기본이지. 그런데 반성문을 쓰면서 자책해. 문제는 자책은 습관이 되었는데 자책을 자각으로 이어가지 못할 때 생긴단다. 그건 책임지는 것이 아니거든. 실패에 책임을 지는 사람은 만회할 기회를 찾지. 실패를 발판삼아 성공을 향해 갈 줄 알아. 반면에 반성문만 쓰는 사람이 있어. 반성하는 자체에 의미를 두고, 반성하고 끝내면서 할 일을 다 했다고 생각하는 사람 말이야. 그런 사람은 반성 후의 자각이나 변화 없이 반성하는 감정에만 머물러 있어. 반성 자체는 해결책이 아닌데도 반성만 습관처럼 해.

착한 사람은 감정표현이 서툴러.
착한 사람은 다른 사람의 말을 따르고 사느라 정작 자신이 뭘 원하는지를 몰라. '거절'한 경험이 적기 때문에 말이야. 거절이라는 현상 자체가 착한 사람에게는 공포로 다가와. 마치 커다란 벽 앞에 선 것처럼 거절해야 한다는 것에 심한 압박을 느끼지. 어찌할 바를 모르고 당황하다 생각이 꼬이고 점점 멍한 사람이 되어 가는 거야. 거절을 못 하는 것과 동시에 거절당했다는 기억도 착한 사람을 멍하게 만들어. 거절당해도 아랑곳하지 않고 의견을 제시하거나 잊어버리면 되는데, 착한 사람은 거절이라는 현상 자체에 부정적 감정을 집어넣지. 실패했던 기억과 거절당한 경험으로 가득 차서 긍정적 감정을 집어넣을 공간이 없어, 점점 자신이 뭘 좋아하고, 어떨 때 웃는지도 모르는 사람이 돼.

착한 사람은 억지를 써.
숨을 참아본 적 있니? 숨을 참으면 어때? 얼굴이 벌게지고, 가슴은 미친 듯이 뛰고, 눈알이 튀어나올 것 같았지? 참는 것은 부자연스러운 일이야. 착한 사람은 억지로 착한 척을 해. 그걸 본인이 제일 잘 알고 있어. 겉으로 보이는 착한 사람의 평온하고 안정된 얼굴과는 달리, 그들의 마음은 늘 어지럽고 복잡하단다. 생각과 행동과 말이 각각 다르니 자연스럽지 못하지. 자연스럽지 못하니까 자꾸 어긋나게 돼. 처음에는 잘 보이지 않았던 어긋남이 시간이 지날수록 간격이 벌어지면서, 자신을 속이는 것에도 한계점이 와. 선택이 필요한 순간이지. 더 세게 누르거나 더 세게 터트리거나.

착한 사람은 자기 자신에게 가장 나쁜 사람이야.
착한 사람은 비난받을 짓을 하지 않지. 앞서 말했듯 거절하는 것이 공포스럽거든. 거절은 비난을 예고하기도 하잖아. 그래서 상대가 싫어할 말이나 행동을 하지 않아. 잘못된 선택을 책임질 용기가 없어서 선택을 미루고 양보하고 의존하지. 부정적인 감정에 빠져 그것밖에 못 하는 자신의 머리를 쥐어박아.

그래서 착한 사람이 유일하게 화를 내는 상대가 있다면 그것은 바로 착한 사람 바로 '자신'이란다. 자기를 탓하는 게 제일 쉬우니까 그것밖에 못 해. 착한 사람은 자신을 학대하는, 결국 자신에게는 제일 나쁜 사람이야.

착한 사람은 자신의 마음을 잘 숨기잖아. 마음에 들지 않는 것도 드는 척, 하기 싫지만 좋아하는 척하지. 틀렸다고 생각해도 동조하고, 자기 속마음을 들킬까 어색한 웃음은 늘 준비되어 있어. 하지만 자신도 알아. 그래서 잘못의 화살은 자신에게만 돌리게 돼. 만만한 사람은 자기 자신뿐이니까. 착한 사람은 자신을 학대하는 것으로 정신을 괴롭히고 힘들게 해. 간혹 육체를 아프게 만들기도 하지. 심한 경우 목숨을 버릴 수도 있어. 그것밖에 할 수 없는 불쌍한 사람이 되는 거야.

자연은 존재 자체에 본유된 본능이 있단다.
말 그대로, '자연스럽게'

세상은 이로운 쪽으로 향하지.
그것이 선(善)이야.
선은 옳은 거란다.
선한 것은 착한 것이지.

그런데 **착한 것이 선한 것일까?**
자연스러운 것은 이롭기 때문에 선이라고 하지. 하지만, 선은 때에 따라 나쁘게 보일 수도 있어. 경쟁하고 순위를 매기는 것, 공동체 안에서 개인적 친분을 배제하는 것 등 냉정해 보이지만, 반드시 해야 하고 필요한 것들이라면 선이야. 착하기만 하면 선이라 할 수 없단다.

우주가 하는 유일한 일은 조화야. 그래서 선과 악도 존재하지. 모든 단어에는 두 가지 양면성이 있다는 것이 이를 증명해. '착함'에도 양면이 있단다.

선과 악이 한 쌍이듯 착함의 이면에도 나쁨이 있단다. 앞에서 엄마가 사람들에게 착한 사람이 자기 자신에게는 나쁜 사람이라고 했잖아. 내면으로는 나쁘고, 외적으로는 착한 사람이 되는 거야. 그런데 내적으로 자기를 괴롭히는 게 힘들면 습관처럼 옆에 나쁜 사람을 둔단다. 잘못된 현상에 대해 '아니다'라고 말하지 못하는 착한 사람 옆에는 꼭 그 말을 대신해야 하는 사람이 있어. 그렇게 착한 사람은 '선을 위해 나쁘게' 보이는 사람 옆에 묻어가. '착함'과 '나쁨'을 동시에 갖고 있는데, '착함'만 강조하는 것은 따라서 자연스럽지 못하겠지?

우주는 유일한 조화를 추구하고
조화는 선을 위해 필요하고
선은 착하다고 할 수 있지.

다시 한번 물을게.
착한 것이 선한 것일까?

칭찬만 받으면서 살 수 있니? 쓴소리, 바른 소리도 들어야지. 반성만 한다는 것은 자기 정당화에만 신경을 쓴다는 말이지. 착한 사람은 참고 견디고, 선택을 주저하고, 칭찬을 갈구하며, 자책하는 것으로 '착하다'는 울타리를 견고하게 만들었다고 했잖아. 그렇다면 착한 것이 선한 것인지 아닌지 답이 나오지?

그래서인지 **착한 사람은 자신의 속마음을 들여다보지 않아.** 실상을 알면 괴롭거든. 착하게 살고 싶었던 엄마는 결국 착한 사람이 되지 못했어. '착하다'가 주는 나쁜 부담이 너무 커서 엄마는 착한 사람이 되지 않기로 한 거야.

'진정 착한 마음은 스스로 자기 자신을 깨닫지 못하며
이름을 알리려고도 하지 않는다.
거짓된 착한 마음은 자기를 주장하며 자기 이름을 알린다.
진정한 공정함은 필요한 경우에만
얼굴을 내놓지만 함부로 나서지 않는다.
거짓된 공정함은 늘 참견하고 나서기를 좋아한다[1].'

---

[1] 인생이란 무엇인가, 톨스토이, 동서 문화사, 2017.

착하다는 것은 언뜻 보면 좋은 것 같지만, 본성에 거슬렸기 때문에 자연에 어긋나는 것이고, 그렇다면, '잘못'이라고 할 수 있지. 선을 향하지 않고 그저 착하게만 사는 사람의 이면에 무엇이 있는지 엄마와 함께 생각해 보자.

착한 욕심쟁이

착한 사람은 좋은 것만 가지려고 하고, 좋은 말만 들으려고 하지. 싫거나 나쁘거나 비판이나 갈등을 싫어하니까 갖지 않으려고 해. 좋은 것만 취하는 욕심쟁이야. 반면, 상대는 갈등도, 고역도, 어려움도 모두 감당해야 해. 착하고 싶은 욕심을 부리면, 상대는 절로 나쁜 사람이 되지.

착한 이기주의

착한 사람은 상처와 고통 앞에 겁먹고 자꾸 안으로 숨으려고 해. 혼자 좋은 말이 가득한 무균실에서 안전하게 있으려고 하지. 피하고 도망가기에 바빠. 일을 해결하기보다 가급적 일을 만들지 않으려고 해. 왜? 일이 생기면 골치가 아프거든. 착한 사람은 타인을 고려하는 것처럼 보이겠지만 정작 자기 판단과 감정만 지키려는 이기주의자야.

착한 거짓말쟁이

착한 사람에게는 진실보다 문제가 빨리 해결되는 것이 중요하지.

그래서 상대가 원하는 것이 설령 진실에 어긋난다 해도 반론을 제기하기보다 얼른 수긍하고 끝내. 착한 사람은 거짓말이 거짓말인 줄 모르고 하는 능숙한 거짓말쟁이야. 결국 정의와는 거리가 먼 사람이지.

착한 연기자

타인에게 착한 사람은 자신에게는 나쁜 사람이라고 했잖아. 타인을 미워할 용기도, 원망할 힘도 없어서 가장 만만한 자신을 탓하고 구박하지. 자책은 착한 사람을 졸졸 따라다녀. 누구나 입을 모아 말하는 착한 사람인데, 정작 본인은 불행해. 그런데 착한 사람은 힘들어도 힘든 내색을 하면 안 돼. 왜? 착한 사람이니까. 착한 사람이 짓는 웃음은 만들어진 미소란다. 기뻐서 웃는 게 아니라 동의한다는 것을 표현하기 위한 수단으로 웃는 거야. 착한 사람은 어떤 상황에서도 미소를 잃지 않는 능숙한 연기자지.

착한 고집쟁이

착한 사람은 문제를 해결한 능력을 키우는 대신 자신의 감정에 집중한단다. 억울하고, 두렵고, 원망스런 감정에 휩쓸려서 문제를 제대로 볼 줄 몰라. 감정을 다스리는 법을 제대로 배우지 못해서 혹은 배우지 않아서 혹은 배울 생각조차 하지 않아서 뭐가 잘못된지도 모른 채 자꾸 오답을 말해. 알지 못한다는 것을 모르거나 알고 있는 것이 틀리기 때문에 착한 사람이 내리는 결론은 언제나 엉

둥한 방향으로 향한단다. 착한 사람은 답을 정해놓고, 문제를 푸는 고집스런 바보야.

착하지만 혼탁한 영혼의 소유자
착한 사람은 감각이나 느낌에 대한 반응속도가 무디거나 느려. 우리가 감각적으로 받아들이는 느낌은 외부로부터 오는 자극이잖아. 이것은 내 몸의 일부인 영혼이 주는 자극이란다. 그런데 착한 사람은 자기감정에 진솔하지 못하잖아. 늘 자극이 주는 반응을 억누르고 살아왔기 때문에 자극이 둔감해질 수밖에 없지. 반응하지 않는 것이 최선이라고 생각하는 거야. 그래서 빠르게 반응하는 사람을 그저 바라볼 뿐이야. 얌전하고 착하게 보이지만, 들여다보면 감각을 예리하게 잡아채지 못하는 혼탁한 영혼의 소유자인 거지.

착한 가해자
그거 아니? 책임은 영어로 Responsibility야. 반응(Response)하는 능력(ability)이지. 우리는 어디에 반응하니? 세상에, 세상 속 모든 것에, 그 중에서도 나 자신에게.

착한 사람은 인정받으려 하고 타인의 눈치를 본다고 했으니 결국 자신에게 반응하는 능력은 둔감하고 타인에게 반응하는 능력은 상대적으로 뛰어나겠지? 반응은 능력을 키우고 능력은 결과를 만들어내지. 또한 모든 결과에는 책임이 전제돼. 그런데 착한 사람은 타인에게 반응하니 모든 책임도 자신이 아니라 타인에게 있다고 무의식적으로 전제가 되어 있는거야. 그래서 착한 사람은 의도했든 안했든 '책임'을 남에게만 돌리는 '가해자'인 셈이란다. 자기변명, 자기합리화를 아주 그럴듯하게, 간혹 눈물을 흘리면서 '착한 행동'을 통해 하소연하는 것이 습관이 돼.

아이야.
'가해'란 게 단지 신체적인 훼손만을 의미하지는 않잖아. 정신과 정서적인 가격도 '가해'야. 어쩌면 눈물은 상대를 가격하는 더 강력한 무기일지 몰라. 착하니까 상대는 뭐라고 말하지도 못하거든.

좋은 말만 듣고 싶은 욕심쟁이
하고 싶은 것만 하는 이기주의
아닌데도 아니라고 말하지 않는 거짓말쟁이
마지못해 웃는 것이 익숙한 연기자
답을 정해놓고 문제를 푸는 고집쟁이
감각이 둔하고 반응이 느린 혼탁한 영혼의 소유자
반응하지 않음으로써 책임을 남에게 돌리는 가해자

착한 사람은 표현이 한정되어 있어.
좋으면 깔깔 웃고, 싫으면 찡그리는 것이 자연스럽잖아. 그런데 착한 사람은 그러지 못해. 고개를 끄덕이거나 희미하게 웃어. 동의하는 목소리는 작아서 귀를 기울이고 들어야 해. 하지 않는 건지 못 하는 건지 몰라도 착한 사람은 뭔가 자연스럽지 않아. 꼭 집어서 나쁜 건 아니야. 착해. 착한데 뭔가 돌아서면 기분이 이상해. 나만 나쁜 사람이 된 것 같거든.

그렇다고 **착한 사람이 나쁜 사람은 아니야.**
착한 사람은 순한 사람이지. 손해를 보더라도 양보하고, 힘들어도 참고 견디며, 상대를 존중하고 아낌없는 신뢰를 보내지. 착한 사람은 상대를 편안하게 해 주고, 배려와 양보를 통해 원활한 관계를 유지하기도 해. 착한 사람과 있으면 안전하고 편안해.

착한 사람이 나쁜 것은 아닌데, '착한'이란 형용사 안에 갇혀 행동이 제약되고, 억지스런 행위가 나온다면 문제지. 강요받는 '착함'은 사람의 정신을 파먹고, '착함'에게 파먹힌 정신은 자기의 의지와 욕구를 저버리고, 급기야 자기 자신인 자아도 잃어버리게 돼. 어쩌면 그래서 치매에 걸리는 건지도 몰라.

'착함' 뒤에 숨는 사람도 있어. '몰랐어요.'라고 하면서. 그런 사람은 자신은 순수하고 맑게 사는데 주변을 힘들게 해. 착한데 **자기만 행복한 사람도 있어.** 착한데 일을 못 해. 자꾸 구멍을 내. 일의 진행을 위해선 '착함'보다 '능력'이 필요할 때 자신을 키우기보다 무마하고 빠져나갈 구멍을 만들지. 의도하진 않았지만, 가해자가 분명한 이런 착한 사람은 착하게 보일지언정 선한 착함은 아니야. '착하다'라는 형용사 안에 갇혀서 어떻게든 착하게만 보이고 싶어해.

누구에게? 내가 아니라 타인에게.
그래서 다른 사람의 일을 내 일처럼 도맡아서 해야 하지.
그건 명의도 고칠 수 없는 고질병이야.
'착한아이병'.

착하게 살고 싶었는데, 착하게만 사는 것이 옳지 않다면, 어떻게 살아야 할까?

> '착함은 행위로 가늠되고
> 선함은 행위가 배제되었을 때 가늠된다.
> 선하지 않고도 충분히 선할 수 있다.
> 악한 행동을 일삼는 사람도 알고 보면 선한 경우도 있다[2].'

착한 것은 좋은 것(Good)
선한 것은 옳은 것(Right)
'옳다', 즉 'Right'에는
윤리, 도덕, 가치에 준한 행위라는 의미도 담겨 있단다.

---

2 마음사전, 김소연, 마음산책, 2008

**'착함'은 좋은 감정적인 느낌을 기준 삼고
'옳음'은 감정을 누르고 '선'을 택하는 이성적 판단을 기준 삼지.**

옳은 것과 착한 것 가운데 무엇이 고차원적일까?
이성과 감정 가운데 무엇이 기준이나 판단에 우선해야 할까?
누가 뭐라고 해도 옳은 것, 그리고 이성이 기준과 판단에서 우선되고 고차원적이라는 데에 이견이 있는 사람은 없을 거야. 너도 그렇게 생각하니? 자, 그렇다면 우리는 이런 결론을 도출할 수 있겠지?

**착함이 옳지 않을 수도 있지만 옳음은 항상 착하다고.
이성이 진리를 따른 행위야말로 착한 행위라고.**

아이야,
입바른 소리가 아니라 진심 어린 말을 하는 습관을 들이자.
말을 고치는 거야. 진심 어린 말이라는 것은 듣는 사람에 따라 기분 나쁘게 들릴 수도 있어. 진실을 마주하는 것은 생각보다 아프고 쓰린 일이지. 그래서 사람들은 자신이 듣기 좋은 말을 해주는 사람을 착한 사람이라고 하면서 옆에 두려 해.

> '어떤 사람이 나를 경멸하게 된다면?
> 그것은 그 인간이 알아야 할 일이다.
> 내가 알아서 하는 것은,

사람들이 경멸할 만한 일을 하거나 말하는 것을
발견하지 못하도록 하는 것이다.
누군가가 나를 미워하게 된다면?
그것은 그가 알아서 할 일이다[3].'

진실은 투박하고 거칠고 때론 상처를 주기도 해. 보고 싶지 않은 것도 봐야 하고, 알고 싶지 않아 외면하고 싶은 것들도 직면해야 하지. 인정하고 받아들이는 과정에서 아프고, 두렵고, 피하고 싶어. 하지만 진실은 반드시 만나야 한단다. 착한 행위에 집착하지 않고 옳은 판단을 하는 사람이 '선'을 향한 착한 사람이야.

착함에 숨어
저는 몰라요, 몰랐어요. 라는 말로 포장하지는 말자.
순수하고 맑게 살면서 주변을 힘들게 하지 말자.

'착한 행위'가 '선'으로 이어지려면
자기 자신부터 스스로 봐야 해.
착하게만 살면 주변의 신뢰를 잃는단다.
자신에게 선하지 않으면 세상에 이롭지 않기 때문에
자신에게 '선'하지 않은 착함은 결국 '악'의 근원이야.

---

3 자기 자신에게 이르는 길, 마르쿠스아우렐리우스, 그린비, 2023

할 일을 하지 않고, 좋은 말만 하는 착한 사람은 남들이 화낼 권리조차 뺏어버려. 늘 최선을 다한다고 말하고, 잘못을 사과하고 눈물을 흘리지만, 정작 행동이 바뀌지 않는다면 '선'이 아니니 결과는 '악'이라 할 수 있어.

불의를 보면 참지 않는 기개.
옳다고 믿는 것을 밀고 나가는 뚝심.
아닌 건 아니라고 말할 수 있는 용기.
뜻하지 않은 상황에서도 견디는 인내.
스스로 선택하고 결정한 것을 위한 책임.

> '요컨대 단순(성실)하고 좋은 사람은
> 염소 냄새를 풍기는 사람과 같아야 한다.
> 즉 누구나 그의 곁에 있는 사람은
> 그에게 다가감과 동시에 원하든 원하지 않든
> 그것을 알아차리게 되는 것이다. (중략)
>
> 좋은 사람, 단순한(성실한)사람, 친절한 사람은
> 그 특징들을 눈에 담고 있으며,
> 그것은 사람들이 눈치채지 못하게 하는 것이 아니다[4].'

---

4 자기 자신에게 이르는 길, 마르쿠스아우렐리우스, 그린비, 2023

착하게 사는 데 삶이 힘들다면,
한 번쯤 자신을 돌아보고 생각해 보렴.
나는 착한 사람인가? 선한 사람인가?

선은 때론 비정하고 냉정하고 무서울 수 있어. 하지만 결국 그것이 인간에게 옳다면 받아들이고 따라야지. 선을 위한 착한 사람이 살아가는 세상은 자연스럽고, 자연스럽기에 옳은 거야.

'모든 자연스런 행위는 아름답다.
모든 용감한 행위도 또한 고상하고
그 장소와 방관자에게 빛을 준다.
우리들은 위대한 행동을 보고 우주는
그 곳에 사는 모든 개인의 소유임을 알게 된다.
모든 이성 있는 인간은,
그 지참금과 자산으로써 전 자연을 소유한다.
만일 그가 원한다면 전 자연이 그의 것이다[5].'

결론은
선한 사람은 착하지만 착한 사람이 선한 것만은 아니며
선은 널 강하게 단련시키지만 착함만으로는 너를 지우게 된단다.
선은 옳으니 신뢰를 얻지만 착함은 그를 수 있으니 신뢰를 잃어.

---
5 수상록, 랄프왈도에머슨, 서문당, 1996.

선은 옳으니까 영속되지만 착함은 일시적이라 금세 소멸 돼.
선은 지혜로운 판단을 향하지만 착함은 감정에 치우치게 하지.
선은 자연의 모든 보상을 약속하지만 착함은 나를 나쁜 사람으로 만들기에 대가를 치르게 한단다.

아이야,
표정이나 목소리가 부드럽고 상냥한 사람, 순응하고 순종하는 사람이 착한 사람이 아니라 자신을 사랑하고 자신에게 진솔한 사람이 착한 사람이고 그래야만 타인에게도 이로운 사람이 된단다.

그러니 아이야.
부디 착한 사람이 아니라
선한 행동으로 세상에 이로운 사람이 되렴.
지금 너의 '착함' 속의 화난 그림자를 찾아내어
'선'한 방향으로 네 행동을 옮겨 봐.

삶의 재미는 시계추의 진자운동이란다

아이야

요즘 어때? 재밌는 일 있니? '인생을 재밌게 살아야 한다'라고 사람들은 말하는데, 아빠도 너희가 항상 재밌고 행복하기를 원해.

우리가 너무나도 자주 입에 달고 사는 말,
'재미'
아빠는 재미를 이야기할 때 주로 이렇게 말해.
"야, 사는 게 참 맛있어."

재미를 '맛'으로 표현한단다. 그런데 그게 우연이 아니더라. 재미는 '자미(滋味)[1]'에서 비롯됐어. '늘어날 자(滋)', '맛 미(味)'. 맛이

---

1 국립국어원 표준국어대사전(https://bitl.to/4xJH)

점점 늘어나서 더 맛있어지는 거야. 감각적으로 한껏 감정이 부풀어 오르지.

재미를 맛으로 바꿔 읽어 보면 어떤 느낌이 드는지 볼래?
'와, 수업 너무 맛났어요'
'사는 게 점점 맛있어지는데!'
'요즘, 새벽 공기가 아주 맛나'
'이 책 꼭 읽어 봐, 정말 맛있게 읽혀'
'어쩜, 넌 말을 그렇게 맛깔나게 하니?'

어때? 마치 혀끝에 닿는 것 같지 않니? 부드럽게 읽히고 의미도 감각적으로 전해지고, 진짜 맛있지? 맞아. '재미와 맛은 삶의 감각을 깨우는 경험'이야. 아빠는 이렇게 인생의 재미도 건강, 일, 삶을 위해 먹는 음식과 같다고 생각해. 그런 의미에서 우리가 '뭐 먹을까?'라고 말할 때 감정이 떨리는 이유는 단지 신체의 포만감을 위해서가 아니라 삶을 깊게 음미하고 싶어서가 아닐까?

'인생은 고통과 권태 사이를 오가는 시계추와 같다[2].'

이런! 무시무시하지? 조금 허탈한 기분이 들기도 하고. 무언가를 간절히 원할 때는 결핍으로 인한 '고통'을 느끼고, 막상 그것을 이

---

2 쇼펜하우어 인생론, 아르투어쇼펜하우어, 집문당, 2023.

루고 나면 금세 무료함, 즉 '권태'에 빠진다는 뜻이야. 이건 우리의 미각도 비슷하단다. 배가 고플 때는 어떤 음식이든 맛있게 느껴지지만, 배가 채워지고 나면 아무리 진수성찬이라도 감흥이 없어져.

그렇다면 굳이 힘들여 살 필요가 있나?
어차피 삶이 고통 아니면 권태인데?
애쓸 필요가 있나?
한번이라도 재미나게 살아볼 수나 있을까?

아빠의 얘기를 듣고 네게 혹 이런 생각이 올라올수도 있겠지만 당연히 삶이 그렇지만은 않다는 사실을 우린 잘 알고 있어. 나의 인생이, 너희의 인생이 그럴 리가 없잖아. 그래서도 안되고.

그럼, 쇼펜하우어가 왜 그렇게 말했는지 해체해 볼게!

인생은 인간이 살아가는 총체적 시간이고,
고통은 욕망이 충족되지 못할 때의 감정이고,
권태는 충족된 욕망의 의미가 사라져 버린 공허이고,
시계추는 고정된 채 좌우로 무한반복하는 진자 운동이야.

인생이란 시간 속에서 고통과 권태를 경험할 수밖에 없다는 점은 일단 인정해. 어느 정도 사실이거든. 이 말은 인생의 시공간에서 우리는 항상 풍족하지도, 만족하지도, 완벽한 행복감을 느끼지도 못한다는 의미니까.

하지만 요즘 아빠는 이렇게 스스로에게 질문을 던져 봐.
"좋아. '인생이 고통과 권태 사이를 왔다 갔다 하는 시계추'라고 하자. 그렇다면! '고통', '권태' 사이에 있는 '과'는 어떻게 설명할 거지?, '과'에는 무엇이 존재하지?

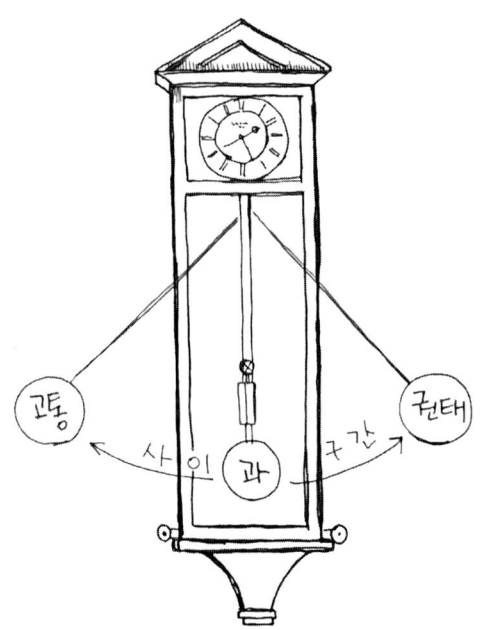

괘종시계의 시계추를 한번 상상해 봐. 시계추는 한쪽 끝에 머무르지 않고 이쪽에서 저쪽으로, 저쪽에서 이쪽으로 반복해서 움직여. 양쪽 끝으로. 이건 마치 인간의 삶도 언제나 서로 반대되는 두 힘이 긴장을 이루며 균형을 만드는 원리와 같단다. 밤과 낮, 기쁨과 슬픔, 시작과 끝, 행과 불행처럼 말이지.

그런데 고통과 권태는 서로의 극단은 아니야. 고통은 쾌락과, 권태는 활력과 양극단에 위치하니까. 그러면 양극단도 아닌, 고통과 권태를 왜 시계추의 이쪽과 저쪽 끝에 뒀을까?

그런데 실제 사람들의 경험을 들여다봐. 우리는 쾌락이 지속되면 금세 권태를 느껴. 재미난 게임을 하다가도 지루해하지. 그렇게 권태가 깊어지면 고통이 느껴지기 시작해. 삶의 의미와 목적을 상실한 채 느끼는 깊은 허무와 무의미의 감정, 즉 공허함에서 고통과 권태가 서로 맞닿아 하나의 진자 운동을 이루지. 결과적으로 인생이란 시계추는, 고통과 권태 사이를 왕복하는 듯 보이지만 우리가 눈여겨볼 건 앞의 그림처럼 **고통과 권태 사이의 '과'**, 즉 **'시계추'**란다.

이번에는 시계추를 좀 더 떨어져서 보자. 시계추가 절대적으로 많이 머물러 있는 시간은 양극이 아니라 그 **'사이 구간'**이란 사실을 알 수 있어. 시계추의 본질은 극단이 아니라 '사이'이고, 멈춤이 아니라 운동이라는 사실을 우린 알 수 있지. 시계추가 멈춰 극단에만 박혀 있다면 시계는 더 이상 시간을 새기지 못해. 끊임없이 흔들리며 양쪽을 이어줄 때 비로소 시간이 흘러가고, 시계는 제 역할을 하지.

쇼펜하우어의 말, '인생이 고통과 권태 사이를 오가는 시계추'의 의미는 '사이 구간'에서 발견해 낼 수 있어. 고통은 언제 오니? 뭔가를 바랄 때, 즉 욕구할 때 오지? 재밌는데 재미없어질 때, 배가 고픈데 먹을 것이 없을 때. 그러니까 '욕구를 추구하고 이루고 또 추구하고 이루는 것이 인생이며 그러기 위해 인생은 고통과 권태 사이를 왔다 갔다 할 수밖에 없는 시계추'라는 의미로 아빠는 해석된단다.

결국, 인생이란 것은
고통과 권태라는 극값을 오가지만 그 '사이 구간'에서 우리는 배우고, 성장하고, 의미를 찾아내며 사는 것이지. 고통은 욕구하니까 느껴지는 감정이고, 권태는 욕구가 채워졌을 때 느끼는 공허함이니까 중요한 건 고통과 권태 그 자체가 아니라 그 **'사이 구간', 바로 그 곳에 고통과 권태에서 벗어난 모든 재미가 있다!** 그러니까 '시계추'는 단지 '시간의 기계적 반복', 즉 우리가 일상이라고 부르는 지점에 대한 은유일 뿐이지.

결국, 인간의 삶은
선형이 아니라 비선형,
나열이 아니라 왕복과 회전,
직선이 아니라 곡선,
단면이 아니라 다면,
평면이 아니라 입체니까.
그 안에서 많은 사건들이 일어나고 그때마다 결이 다른 감정들이 오가지. 우리가 찾으려 하는 '재미'는 바로 그 안에 가득 들어차 있단다.

이제 재미를 다시 맛에 비유해 볼게. 세상에는 두 종류의 사람이 있어. 한쪽은 비싸고 화려한 음식만을 찾아다니는 맛집 탐방객, 다른 한쪽은 평범한 식재료에서도 고유의 맛과 향을 발견해 내는 진짜 미식가. 당연히 인생의 재미를 아는 사람은 후자에 가깝지. 그들은 특별한 이벤트가 없어도 주변의 작은 것들에서 즐거움을 찾아내는 아주 대단한 능력이 있거든.

사실 누구에게나 일상은 기계적인 반복이야. 일어나서 나갔다가 돌아와 씻고 자. 기분이 좋았다가 나빴다가 업되었다가 다운돼. 여기 갔다가 저기 갔다가 계속 왕복해. 앉았다가 일어났다가 걷다가 뛰어. 이처럼 기계처럼 반복하지 않는 사람은 없어. 그러니까 24시간, 365일 반복되는 일상 안에서 누구는 고통과 권태안에서만 살고, 누구는 그 깊은 의미대로 고통과 권태에 빠지더라도 진정한 욕구를 재미로 승화시켜 사는 거야.

그렇다면, 이 차이가 뭐겠니? 그 비밀은 **외적인 조건이 아니라 내적인 태도**에 있단다. 평범한 재료에서 특별한 맛을 찾아내는 미식가처럼, 그들은 일상이라는 재료를 다루는 자신만의 '마음의 레시피'를 가지고 사는 셈이지. 아빠는 그 레시피의 핵심을 **'명랑함'**이라고 말하려 해.

아빠는 철학에서 '명랑함'의 의미를 배웠단다. 괴테는 『시와 진실』에서 '시종일관 태도를 바꾸지 않고, 매일 부지런히 노력할 수 있는 하나의 샘[3]'을 명랑한 감정(Heiteres Gefühl)이라고, 니체는 『우상의 황혼』에서 '모든 심각성을 꺾어버리는 선량한 재치[4]'를 명랑함(Heiterkeit)이라고, 염세주의 철학자로 잘 알려진 쇼펜하우어는 『인생론』에서 '명랑한 마음(Heiteres Gemüt)은 어떤 외적 조건보다 인간을 행복하게 만든다[5].'고 설명했단 말이야.

그래서 명랑함은 무너지지 않고 다시 균형을 회복할 수 있는 **'정서의 탄력성'**이야. 이 탄력성 있는 정서, 즉 '명랑함'이야말로 '재미'

---

3 시와 진실, 요한볼프강폰괴테, 동서문화사, 2016.
4 니체는 버락 오바마, 마이클 잭슨에게 영감을 준 미국 철학자 '랄프왈도에머슨'을 비유로 들어 명랑한 마음을 설명했다(우상의 황혼, 프리드리히니체, 부북스, 2018).
5 쇼펜하우어 인생론, 아르투어쇼펜하우어, 나래북, 2010.

의 가장 중요한 연료란다. 그 연료가 똑같은 상황도 긍정적으로 해석하고, 실패 속에서도 배움을 찾아내는 힘이 되지.

길이 막혀 화가 난다고? '차 안에서 좋아하는 음악을 더 오래 들을 수' 있잖아, 버스를 놓치면 짜증 난다고? '그냥 걸으면서 하늘을 좀 더 올려다볼 수' 있잖아, 실패로 고통스럽다고? '수업료 내고 크게 배운' 것은 아닐까? 타인의 날카로운 비판이 상처라고? '자기만족의 잠에서 나를 깨우는 소크라테스의 등에 [6]'로 받아쳐, 일상의 반복에 무력감을 느낀다고? '내면의 질서를 세우는 수행'의 의미를 찾아봐.

그런데 말이야. 이런 마음들은 **'건강'**이라는 토양 위에서 자랄 수 있는 것이란다. 아빠가 말하는 건강은 먹고 싶을 때 먹고, 뛰고 싶을 때 뛰고, 친구들이 만나자고 하면 언제나 달려 나갈 수 있고, 좋아하는 것, 해보고 싶은 것을 마음껏 할 수 있는 충분한 에너지를 발휘하는 몸과 마음의 준비 상태를 말하는 거야.

하지만 세상은 우리에게 종종 이렇게 속삭여. '성공하고 싶니? 그럼 근면하고 성실하게 살아야만 해'. 그러면서 마치 근면성실한 태도와 삶의 재미를 갈라놓으려 하지. 물론 목표를 이루기 위해 노

---

6 '등에'는 우리가 흔히 말파리, 쇠파리라고 부르는 파리로 둔해진 말이나 소의 움직임을 끊임없이 자극하는 해충이다. 소크라테스는 '아테네라는 거대한 말(馬)은 크고 훌륭하지만 느리고 게으르게 잠들어 있다'면서 자신은 그 말을 깨우고 자극하는 '등에(gadfly)라고 했다(소크라테스의 변명, 플라톤, 문예, 1999.).

력하는 것은 중요해. 그러나 아빠가 만난 진짜 인생의 미식가들에게 근면성실은 '재미없는 버티기'의 동의어가 아니야. 그저 주어진 일을 묵묵히 해내는 수동적인 태도가 아니라 인생의 새로운 맛을 좌우하는 **'호기심'**을 가미한 능동적 태도로 해석했어.

이게 재미와 무슨 상관이냐고?
**호기심이 없다는 건 새로운 것을 보지 못한다는 의미이고,
새로운 것을 보지 못하니, 일상이 반복 재생으로만 보일 뿐이고,
반복 재생은 숨어 있는 재미는커녕 눈에 보이는 재미도 자기 것으로 만들지 못하지.**

아빠가 근면성실을 이야기한 이유는 단순해. 역사적으로 과거의 성공 요인이 현재의 진보에 발목을 잡는 경우가 허다하기 때문이야. 패러다임의 변화에 적응하지 못하는 것이지. 우리가 다 알고 있듯이 대량생산 시스템의 산업사회에서 근면성실은 아주 중요한 덕목이었어. 사람도 기계처럼 기계적으로 움직여야 할 필요가 있었지.

그러니 기계적으로 먹고 사느라 '재미있는 삶'과는 거리가 멀었지. 아, 그런데 오해하지 말거라. 근면성실한 삶의 태도는 여전히 유효하니까. 다만, 달라진 세상에서 **'근면성실하기만 한 태도'**만으로는 삶의 질을 높일 수 없다고 이야기하는 것이니까. 왜냐고?

할아버지, 아빠 때에는 재미가 사치였어. 그러니 자신과 자신을 둘러싼 주변을 호기심으로 보기 위해 '관찰'하는 에너지를 스스로 만들어내지 못했었지.

물론 호기심으로 관찰한다는 게 에너지만 가지고 되는 것은 아니야. '의지'를 충분히 발휘해야 하거든. 그런데 그 *'의지라는 것은 감정이 통찰과 융합해야만* [7] 생기는 에너지야. 우리는 보통 자기만의 통찰에 이르기 전에 감정이란 방해물에 휘둘리는 경우가 많아. 말 그대로 '감정적'이게 된다는 말이지. 그렇게 통찰에 이르지 못하니 제대로 된 의지를 발휘하지 못했던 것이야.

뉴턴이 잔뜩 짜증 나서 사과나무 아래 있었다면,
헬렌 켈러가 자신의 큰 한계를 극복하지 못했다면,
찰스 다윈이 5년간의 비글호 항해를 버텨내지 못했다면,
스티브 잡스가 청년 시절 병약했던 내면을 다지지 않았다면,
뉴턴의 중력의 법칙도, 헬렌 켈러의 희망도, 찰스 다윈의 진화론도, 스티브 잡스의 혁신도 다른 이의 몫이 되었거나 인류의 발견 및 진화는 더뎠겠지.

에디슨이 근면 성실하기만 했다면 수많은 실패를 감당해 낼 수 있

---

[7] 자기 신뢰, 랄프왈도에머슨, 현대지성, 2021.

었을까? 아인슈타인이 '왜?'라는 질문을 멈추고 세상의 당연함에 순응했다면 상대성 이론으로 시간과 공간의 경계를 뒤흔들 수 있었을까? 레오나르도 다 빈치에게 인간과 자연에 대한 끝없는 호기심이 없었다면 인체 해부도부터 비행기 설계까지 시대를 뛰어넘는 결과물을 남길 수 있었을까?

아이야,
결국 우리는 자신만의 요리를 만드는 요리사란다. 어떤 날은 너무 쓴 재료에 고통스럽고 어떤 날은 매일 같은 재료에 권태롭기도 하겠지. 이때 평범한 요리사는 재료를 탓하지만, 위대한 요리사는 자신만의 특별한 향신료를 꺼내 든단다. 물론 음식을 먹을 때 '향신료'가 꼭 필요하진 않지. 후추를 안 뿌렸다고, 조금 싱겁다고, 기름을 두르지 않았다고, 허브잎을 올리지 못했다고 그 음식 자체를 못 먹는 건 아니니까. 하지만, 우린 이미 다 알고 있어. 이런 향신료가 음식에 무엇보다 독특한 맛과 향을 위해 필요하다는 사실을.

한마디로,
좀 더 맛있게 살기 위해!

어떤 상황에서도 긍정의 맛을 더해줄 마법의 소금, 명랑함.
지치지 않고 요리를 계속할 힘이 되어 줄 신선한 올리브유, 건강.
평범한 재료에서 새로운 맛을 느끼게 해줄 비밀 허브, 호기심.

명랑함, 건강, 호기심이라는 향신료들로 하나씩 만들어간 너만의 요리법들이 모여 '네 삶의 레시피북'이 될 거야. '실패'라는 쓴맛에서는 '성장'의 감칠맛을 배우고, '지루함'이라는 밋밋한 맛에서는 '평온'의 담백함을 느끼는 비법들이 빼곡히 적혀 있겠지.

하지만 아이야, 가장 중요한 것이 남았단다.
바로 이 모든 것을 지휘하는 너만의 언어야.
언제 어떤 향신료를 써야 하는지, 새로운 레시피를 어떻게 창조할지, 무엇을 '맛있는 삶'이라고 부를 것인지 결정하는 최종적인 기준. 아빠는 이 기준을 자기 삶의 **'메타언어'**라고 이름지었어.

거창한 철학은 아니야. '나는 어떨 때 가장 즐겁지?', '내게 진정한 맛이란 무엇일까?'와 같은 끝없는 질문과 성찰을 통해 단단해지는 너 스스로의 언어로 너 자신과 대화해 봐. 이 질문이 분명한 요리사는, 결코 맛의 길을 잃지 않아.

욕구를 채워가는 고통에서는 이루는 재미를,
욕구가 채워진 권태에서는 새로움을 찾는 재미를.
이렇게 고통과 권태라는 다소 미운 재료를 요리하는 과정에서 자신만의 레시피를 창조하며 기어이 맛있는 결과를 만들어낸단다.

이렇게 자기 삶을 '메타언어'로 대화하는 사람은 고통과 권태라는 파도에 절대 휩쓸리지 않아. 호기심의 욕구를 위해 수시로 '관찰' 하느라 감정을 피하지도, 하나의 감정에만 파묻혀 그 감정에 지배당할 틈도 만들지 않는단다.

행복해서 웃는 게 아니라, 웃다 보니 행복해진다.

언젠가 한 번쯤 본 적 있는 문장이지? 물론 부인할 수 없는 사실이면서 동시에 삶의 목적과 수단과의 관계를 확실히 적용하며 살아야 한다는 묵직한 경고도 담겨 있는 말이지.

그러니 재밌게 살려고 너무 '애' 쓰지 마라.
'애'란 표현은 우리 몸에 있는 심장, 간장, 위장과 같은 장기를 의미한단다. 그러니 '애를 쓴다'는 표현은 장기까지 사용할 정도로 에너지를 소모한다는 뜻이야. 그럼, 에너지를 그렇게까지 소모하지 않으려면 어떻게 해야 할까? 바로, 아빠가 앞에서 이야기했던 고통과 권태의 '사이 구간'에 오래 머물면 되는 것이지. 우리는 그 시간들을 흔히 '일상'이라고 부르지.

정말 맛있게 사는 사람들은 재밌게 살려고 애쓰지 않는 사람들이란다. 이들은 그 일상을 '일상적으로' 즐기는 사람들이거든. 자기만의 향신료를 듬뿍듬뿍 뿌려가면서 말이지. 그게 가능한 이유를 그들은 분명히 알고 있거든. 삶을 좀 더 맛있게 사는 방법을!

그러니 아이야,
재미있게 살려고 애쓰기보다 오늘을 맛있게 먹겠다고,
행복을 위해 사는 게 아니라 사는 그 자체가 이미 행복이라고,
'재미'는 현실 밖에서 추구하는 것이 아니라 일상에 담겨 있다고.

**'재미'는 애써 찾아내거나 만들어내는 것이 아니라,
살아가는 그 자체에서 너의 호기심으로 피어나는 맛이란다.**

인생의 시계추는 멈춰서는 안 된다는 걸,
고통과 권태는 그저 추의 양극일 뿐,
진짜 인생은 그 사이를 오가는 운동 속에 있다는 걸,
그 운동을 멈추지 않게 하는 힘이 바로
명랑함, 건강, 호기심이라는 걸.

이 세 가지가 함께 작동할 때, 삶은 더 이상 고통과 권태의 반복이 아니라 그 사이를 유영하는 한 편의 미식 기행이 된다는 것을 꼭 기억하렴. 맛을 잃지 않는 인생, 그것이 진짜 재미있는 삶이야.

이제, 네 시계추를 네가 직접 흔들어라.
누가 대신 흔들게 하지 마라.
그러면, 넌 지금보다 훨씬 더 자주 이렇게 말하게 될 거야!
'오늘 참 맛있는 하루였어!'

한걸음

서 있다는 건
지구의 중력을 이겨
나를 세우는 것

세상 바람과 휩쓸림
그 모든 인연의 번뇌를 지고
나를 세우는 것

기던 아이가 설 때까지
무한한 실패를 감내하듯
지금도 세상에서
나를 일으키기는 쉽지 않다
한 걸음 내딛는 건
대지의 저항을 이겨
나를 내보내는 일

그 첫 발을 딛기까지
숱한 다짐과 망설임을 이겨 낸다

젊은 날 내달리던 그 많은 발걸음이
이제는 흉터로 남았는데

지금도 한 걸음을
내보내기는 쉽지 않다

그럼에도 감사히
한 움직임을 결심할 수 있는 것은
태초에 직립을 선택한 위대함이
포기의 산물임을 알기 때문이다

뒷발 단단히 땅을 밀치고
앞발 자유로이 부양하여
닿을 그곳을 향하여
설레는 마음으로 포기를 감수하리라

아이야, 서라
그리고 걸어라

세상의 삐뚤어짐 앞에
너를 곧추세우고
세상의 퇴보 앞에 진보하라

백만 년 전
그분이 그리하셨듯이

쇠망치의 가격에도 끄떡없는 너만의 모루

"진짜?", "정말?"

아이야. 이 두 마디 때문에 우리 사이가 조금 어색해졌지. 엄마는 사춘기로 말이 없어진 너에게 더 자세한 설명이 듣고 싶었어. 그래서 재차 물어본 것인데 넌 글자 그대로 해석해서 너를 의심한다고 받아들였나 봐. 엄마도 그런 네가 살짝 서운했어. 그래서 가만 생각해 봤어. 엄마가 살면서 해결하지 못한 문제 대부분이 사람들과의 오해 때문이었고 너와의 대화에서도 말이 오해가 될까, 결국 오해가 의심으로 이어질까, 우려했던 것 같아.

오해와 의심 없는 관계를 위해서 엄마는 여러 가치들을 제대로 실천한다고 여겼어. 그중에서도 배려, 소통, 존중을 다른 어떤 가치보다 지키려고 노력했었거든. 하지만 엄마의 노력과는 달리 관계란 게, 헤어진 후 기분이 찜찜하거나 서로 의심하는 듯한 상황들이 생기더라구. 엄마의 배려와 소통, 존중은 어디가 부족했거나 과했었나봐.

왜 자꾸 이런 느낌이 드는 걸까?
도대체 무엇 때문일까?

엄마는 절대 놓쳐서는 안 될 중요한 무언가를 간과하고 있었어.
아주 기본 중의 기본.
신.뢰.

그래서 신뢰를 바탕에 두고 그 위에 배려, 소통, 존중을 올려놓고 생각해 봤어. 엄마가 이 가치들을 실천하는 방식에서 오해가 생겼다면? 이 얘기는 엄마가 실천하는 데 신뢰를 방해하는 어떤 요소가 담겨 있다는 말이 아닐까?

앞서 엄마가 서운했다고 고백했지. 하지만 신뢰에 뿌리를 두니 엄마는 네게 신뢰를 주지 못했단 생각이 들었단다. 작은 말 한마디로 네가 엄마를 의심했다는 것은 엄마가 평상시에 네게 신뢰를 주지 못했다는 뜻이지. 순간 훅 떨어진 돌덩이가 심장에 내려앉는 기분이었어.

잠깐 돌이켜보니, 서로의 관계에서
배려했지만 서로 원하지 않은 배려였고,
손을 내밀었지만 뜻한 바를 어긋나게 알아들었고,
존중한다고 했지만, 진정한 존중의 의미를 몰라 헤맸던 것 같아.
그렇게 오해는 깊어졌어.

바탕에 신뢰를 담지 못한 허약한 가치들이 허허벌판에 따로 뒹구는 낙엽 같았어. 신뢰가 단단하고 비옥한 토양이 되어 그 가치들을 담아냈으면 어땠을까? 오해 없이 관계가 잘 이어지는 날들이 많지 않았을까? 잦은 오해와 너와의 대화로 엄마는 깊이 내면을 들여다볼 시간을 길게 가졌단다. 고마워. 그리고 몇 가지 네게 얘기해주고 싶은 마음이 간절해졌어.

아이야.
과한 배려는 오히려 상대에게 신뢰가 없다는 증명이더구나.
배려는 나보다 상대를 돌보고 살피는 자발적 행위잖아. 상대의 처지에서 보면 돌봄을 받아야 한다는 의미지. 돌보고 보살핀다? 어떤 사람을 돌보니? 자신보다 약한 사람이겠지? 처음 배려할 때엔 순수한 마음이었겠지만 계속 배려라는 이름으로 돌보다 보면, 자기도 모르게 우월하다는 생각에 빠지기도 해. 배려의 이면에는 그런 우월감이 숨어 있더라고.

배려받는 사람의 입장은 어떨까?

의견을 묻지 않고 자진해서 계속 배려한다면?

처음엔 감사하지. 상대가 나를 배려했다는 것을 믿기 때문에. 하지만 계속 '배려'한다면 '내 의견은 필요 없나?', '나를 무시하나?' 이런 생각에까지 이를지도 몰라. 그래도 여전하다면, 여러 부담감은 물론, 오히려 받기만 하는 것에 대한 미안한 감정까지 들 수도 있어. 무시당하는 느낌에 부담감, 미안함까지 복합되면 만남이 편하지 않으니 당연히 상대와 거리를 두게 되겠지. 그러다가 각자의 해석으로 상대를 오해하게 될 수 있어. 바탕에 신뢰가 없다면 말이야. 또 약한 신뢰라면 오히려 관계가 깨질 수도 있어.

얼마 전 엄마는 지인의 도움을 받아야 마무리가 되는 일이 있었어. 지인이 바쁠까 봐 부탁하지 못하고 시간만 보내고 있었어. 일의 막바지에 자초지종을 이야기하니 "왜 나를 배려해요?"라고 말하는 거야. 농담같이 이야기하셨지만, 엄마는 순간 정신이 번쩍 들었어. 지인이 바쁠까 봐 이야기 안 하는 것을 배려라고 생각했던 거야. 엄마는 상대를 배려한 것이었지만 엉뚱한 배려였지. 부족했던 부분을 부탁해서라도 일을 제때 마무리 지어야 했어. 다른 해결 방법이 없다면 상대의 도움을 받아 일이 지연되는 것을 막았어야 했지. 또한 부탁하는 것은 엄마의 몫이지만 그 부탁의 승낙과 거절은 상대방의 몫이지. 부탁한 것을 결정하는 권한은 엄마가 아닌 상대에게 있는 거야. 이때의 진정한 배려는 '상대가 바쁜 것'이 아니라 '바쁘더라도 일이 진행'되게끔 엄마가 말하고 행동해야 했어.

이 작은 이벤트는 오히려 엄마만의 배려 방식을 되돌아보는 계기가 되었고 그 동안 어려웠던 관계들에서 엄마가 깨닫지 못한 한 가지를 알게 해주었단다.

엄마의 오만.
배려라는 이름으로 내가 도와야 한다는 오만.
상대방의 결정 권한을 내가 행사해도 된다는 오만.
일의 지연이 내 책임이 아니라는 오만.

엄마의 **'배려'가 오히려 '오만'**이 되어버린 엄마의 태도에는 일의 사정을 깊이 들여다보지 않은 무관심, 상대의 결정을 기다리지 못한 성급함, 배려하는 마음을 상대가 알아주길 바라는 인정 욕구가 내재되어 있었던 거야. 결국 배려는 신뢰가 바탕이 되어야 해. 신뢰가 형성되면, 상대가 바쁘더라도 얼른 부탁하는데 머뭇거리지 않았을 것이고 상대는 부담스럽거나 기분 나쁘게 여기지 않았을 거야. 또한 상대가 거절하더라도 오해는 생기지 않겠지.

진정한 소통은 대화의 이면(裏面), 신뢰의 깊이에서 나오는 거야.
소통은 대화 시 우리가 하는 말과 몸짓, 표정 등으로 이해하고 이해시키지. 그중 몸짓과 표정은 상황이나 대화에서 알 수 없거나 모르고 지나칠 수 있는 메시지를 읽게 해준단다.

"에이~ 바보", "아이~ 미워", "우리 못난이~"
네가 너무 사랑스러울 때 엄마가 하는 말이지. 이 말에 넌 화를 내거나 짜증을 내지 않아. 오히려 좋아서 엄마에게 안기지. 만약 잘 알지 못하는 사이라면? 당연히 '왜 저래!'라고 생각하겠지. 이처럼 **신뢰는** 어쩌면 언어가 전하는 사실적 의미와 상반된 **표현**에도 언어 외의 것에서 상대가 의도한 의미를 느끼게 한단다.

아이야.
넌 친구의 말과 표정이 다르면 어떤 마음이 드니?
친구의 말이 아무리 부드러워도 표정이 좋지 않으면 눈치를 살피지. 왜인지 물어보고 싶어도 묻지 못하고 오히려 친구의 표정에 네 감정이 사로잡히지 않니? 친구의 표정이 너 때문인 것 같아 괜한 오해도 하고 연관된 어떤 것을 추측하기도 하지. 이렇게 소통은 우리가 하는 말뿐만 아니라 표정, 몸짓이 모두 다 포함돼. 그래서 말과 표정이 다를 때 신경이 쓰이는 것이고.

만약 친구와 신뢰가 있다면
"무슨 일 있어? 표정이 안 좋아."
더 깊은 신뢰가 있다면
'나 때문은 아닐 거야. 때가 되면 이야기하겠지.'

더욱 더 깊은 신뢰가 있다면
친구가 말하지 않아도 친구의 심정까지 헤아리겠지.
이 헤아림은 친구와 너 사이, 신뢰의 깊이에서 이루어져.

> '나는 활달한 사람들끼리는 서로 과감하게 표현하며,
> 말과 생각이 서로 들어맞기를 바란다.
> 우리는 청각을 강화하고, 예의를 차리는
> 물러빠진 음조에 대해서는 경계해야 한다.
> 나는 억세고 씩씩한 현실성의 교제와
> 피가 맺히도록 물어뜯고 할퀴고 하는 식으로
> 억세고 힘찬 사귐을 저항삼는 우정을 좋아한다.
> 우정은 싸울 때 싸우는 것이 아니다.
> 예의를 찾고 기교를 부리며
> 상대편의 감정을 상할까 두려워하고,
> 자기를 억제하는 태도로 나온다면
> 충분히 힘차고 너그러운 것이 못 된다[1].'

서로 신뢰가 깊다면 서로 격하게 의견을 주고받더라도 이 '격한 대화'는 상대에게 의미를 전하고자 하는 간절함, 그리고 바탕에는 서로에 대한 믿음과 존중이 담겼다는 것을 서로 알고 있지. 그런 관계는 직관적으로 말을 하더라도 나쁜 뜻으로 이야기하지 않았

---

1 몽테뉴 나는 무엇을 아는가, 몽테뉴, 동서문화사, 2005.

다는 것을 너무 잘 알아. 신뢰가 있다면 말하지 않는다고 표정이 어떻다고 서로 눈치 보지는 않잖아.

존중은 체면을 세우는 것이 아니라 신뢰를 세우는 거야.
존중은 상대를 높여 귀하게 대하는 것이지. 귀하게 여기는 마음은 말과 행동으로 드러난단다. 마음이 없으면 아무리 이쁘고 예의 바르게 행동을 해도 상대가 알아채는 것은 시간문제지.

겉으로만 너무 예의 차린 존중은
'저렇게까지 해야 하나?', '내가 아직 불편한가?', '거리감 느껴져.'라고 생각하게 돼. 깍듯한 인사, 흐트러짐 없는 예의 바른 행동, 농담에도 풀리지 않는 경직된 표정 등을 보면 많은 시간과 정성을 들여서 만나지만 매번 관계는 '처음 그 자리'일 때가 많아.

거리가 멀어지면 마음도 멀어진다는 말 알지? 그런데 가까이 있어도 마음이 먼 경우도 있어. 혹시 귀한 물건 어떻게 보관하니? 소중하게 잘 보관하고, 가끔 열어보지. 물건은 귀하게 멀리 둬도 그것이 늘 그 자리에 있다고 믿어. 하지만 사람에겐 각양각색의 '감정'이 있어서 서로 간의 느끼는 감각이 다르단다. 매번 같은 행동을 취해도 상대는 감정에 따라 다르게 받아들이는 경우가 많아. 그래서, **신뢰가 얕으면 '존중감'은 오히려 '거리감'이 되기도 해.**

혹여, 너는 너무 격식을 갖춘 자리에 가면 어떠니? 왠지 부자연스럽지? 상대를 너무 귀하게 여긴 격식 차린 행동은 '행동 자체'에 신경을 쓰기 때문에 오히려 상대에게 거리감을 느끼게 하지. 그렇게 신뢰가 깊게 자리해야 할 공간에 신뢰보다 예의나 격식이 차지하고 있으면 오히려 관계는 멀어져. 상대에게 허점을 보여서는 안 된다고 생각하기 때문인 것 같아. 그래서 자연스러운 본연의 모습이 나오지 않고 자꾸 한 꺼풀 덧입혀 자신의 본모습을 숨긴 채 상대를 대하게 돼. 더 조심스럽게 더욱 신경 써서 말이야.

귀히 여기는 마음은 상대를 '존재(存在)'로서 인정해 주면 되는 거야. 존재로서 인정한다는 것은 네 기준으로 상대를 파악하지 않는 거야. 간혹 외모, 학벌, 집안 등 마음으로는 상대를 폄하하면서 겉으로 존중하는 태도를 보이면 상대는 예민하게 알아채.

'누군가의 존엄을 지켜주고 싶다면 고정된 기대안에 그를 가두지 말아야[2]' 해. '마라톤 경기에서 물통을 지고 나르는 존재, 다른 사람의 욕망을 채워주기만 하는 존재가 아니라 존재 자체가 목적이 된 사람[3]'으로 받아들여지고 싶어 하는 것은 누구에게나 당연한 권리란다.

2,4 삶의 격, 페터비에리, 은행나무, 2014.

그냥 있는 자체로 상대를 대하는 것.
그것이 존중의 시작이란다.

'대다수의 사람들은
지나친 공손과 친절로 점점 자신을 망친다.
그들은 너무 타협적이고
언제라도 상대방과 동의할 준비가 되어 있다.
따라서 그들과의 대화는 조금도 이롭지 못하다.
짧은 대면에서도 지나친 인내심과 친절이 드러난다.
나는 귀찮을 정도로 자주 경험을 한다.
주인이나 손님이 되어
서로 상대방을 상쾌하게 하는 그런 경험 말이다.

사람은 실종되고 예절만 남는다.

나는 무수한 신사들과 만나면서 만남은 절망이고
헤어짐이 오히려 희망임을 배운다.
그들에게서는 나를 기쁘게 하는
어떤 무례함도 찾아볼 수 없다.

짓궂고 거칠고 괴짜이며 다듬어지지 않은 사람,
그런 사람이라야 희망이 있다.

> 신사들이여, 당신들은 다 하나같다[4].'

네가 존중받고 싶다면 예의와 격식을 들어내고 상대를 대해보렴. 그러면 상대도 널 편하게 대할 것이고 그때 서로가 진심어린 소통을 나누게 된단다. 말로만 하는 인정이 아닌 상대를 귀한 존재, **'존귀'하게 여기는 것**이 신뢰를 바탕으로 한 진정 '존중하는 마음가짐'이야.

이렇게 신뢰가 바탕에 다져져야 배려, 소통, 존중도 바로 서게 된단다. 물론 관계에서 오해나 갈등은 어쩔 수 없이 존재하겠지만 그 오해가 의심이나 불신으로 확장되기 전에 회복시킬 수 있어.

과한 배려는 오히려 상대에 대한 '무시'이고,
깊이 없는 소통은 오히려 상대를 의식한 '눈치'이고,
존재 없는 존중은 오히려 예의로 가장한 '무관심'이야.

무시와 눈치, 무관심은 관계의 선을 넘은 것이지.
결국 상호신뢰란 서로의 경계를 지켜주는 마음과 용기란다.

하지만 신뢰가 오류를 낳는 예도 있어.
가스라이팅 알지?

---

[4] 소로우의 일기, 헨리데이빗소로우, 도솔, 2003.

'상대를 위한다는 명목으로 심리나 상황을 조작해 그 사람을 통제하고 조종하는[5]' 것. 신뢰를 쌓은 다음 자신에게 유리한 상황을 만들어 상대로 하여금 처음에는 눈치보게 만들고 나중은 죄책감이 들게 하는 것 말이야. 상대의 마음과 정신을 점령하는 가스라이팅은 **상호신뢰가 아니야. 만약, 자신을 완전히 무시하고 믿지 않으면서, 상대를 절대적으로 신뢰할 때 가스라이팅은 시작되는 거야.**

서로 신뢰하는 관계란 상대를 믿기에 앞서 그 판단을 내린 자신을 믿어야 한다고. 엄마부터 먼저 상대에게 긍정적인 무례를 범할 용기가 있어야 하고 잘 보이려는 욕심을 내려놔야 하고 배려받을 여유도 가져야 하는 것이 아닐까 하고 말이야. **'내가 이렇게 진정성있게 상대를 대하면 상대는 나를 신뢰한다'는 나에 대한 믿음이 우선되어야 한다**고 말이야. 결국, 상호신뢰의 시작은 우선 자신을 믿는 데서부터가 아닐까 해.

'자기신뢰'로부터 '상호신뢰'가 시작된단다.

엄마는 자기신뢰에 대해 성현들에게서 배웠어. 특히, 에머슨[6]은 '당신 자신의 생각을 믿은 것, 당신 자신의 마음속에서 진실이라고 믿는 것은 곧, 다른 모든 사람에게도 진실이 된다'고.

---

5 네이버 국어사전 발췌
6 랄프왈도에머슨, 미국의 철학자, 시인, 강연자, 수필가. 19세기 중반 미국의 초월주의 운동을 대표하는 인물이다. 나무위키

엄마에게 부족했던 것은 상대를 믿으려는 마음이 오히려 앞섰던 거야. 자신을 믿는다면 상대를 믿으려 애쓸 필요가 없었어. 자신의 판단과 행위를 믿는 마음이 단단하니까 상대를 과하게 배려하거나 격식에 몸을 맡기거나 소통도 억지로 꾸며낼 필요가 없었겠지. 그런 자연스러움 속에서 신뢰는 더 단단해지는데 말이야.

너에게 "진짜?", "정말?"이라고 재차 물었던 것도 어쩌면 엄마 스스로가 너를 믿는 것에 대한 확신이 부족했기 때문인 것 같아. 결국, 확인하고자 한 것은 네 말의 진의가 아니라 엄마 스스로에 대한 신뢰였어.

아이야. 모든 언어에는 답이 있단다.
우리는 보통 신뢰를 얘기할 때
'신뢰가 쌓인다.'
'신뢰가 무너진다.'
'신뢰가 회복된다'라고 표현하지?

뭔가 '쌓인다'라는 말은 바닥에서 하나씩 겹겹이 겹쳐서 높아지고 넓어진다를 의미하지. 무언가가 겹겹이 쌓일 때까지는 많은 시간과 정성이 들어가겠지. 결국 신뢰도 시간과 정성을 들여야만 서서히 쌓인단다. 그렇게 쌓이다 휘청이면 와르르 무너질 때도 있어.

그만큼 신뢰를 공고히 다지는 것은, 어려운 거야. 조금의 틈새도 쉽게 무너지는 속성이 있어. 하지만 신뢰는 회복된단다. 쌓인 시간과 정성이 있기에 회복될 여지가 충분히 있어.

신뢰회복.
어렵지만, 방법이 있어. 신뢰를 무너뜨린 사람의 진정한 사과, 문제에 책임지는 자세, 신뢰가 회복될 때까지 반복적이고 일관된 행동, 그리고 사과의 진정성이 느껴지는 반성으로 회복돼. 단, 자기신뢰가 단단히 바탕이 된 사람만이 할 수 있는 행동이지.

자기신뢰는 '모루'야.
대장장이가 원형물을 쇠망치로 내리찍으며 멋진 조형물로 빚어낼 때 바닥을 끄떡없이 받쳐주는 모루. 잘못 조형된 원형물도 모루 위에서라면 다시 만들 수 있어. 쇠망치의 가격만큼 강력한 오해나 불신이 쌓여도, 가격에 튀는 불꽃처럼 서로의 감정이 번쩍거리더라도 모루가 튼튼하게 받쳐주면 원형물은 새롭게 조형되지. 신뢰, 특히 '자기신뢰'가 모루처럼 든든하다면 언제든 상호신뢰는 새롭게 만들어낼 수 있단다.

'자기신뢰'의 시작은 가능성에 대한 믿음이야.
사과하고 싶을 때 할까 말까 망설이지 말고 그냥 사과해.
의견이 엇나가더라도 '말해 뭐해!' 하지 말고 말해 봐.

관계를 회복시키면서 너 자신에 대한 신뢰도 커지며 자연스럽게 상호신뢰로도 이어진단다.

> '여러분이 그들의 모습을 바라보는 시선에 맞춰서
> 그들은 그 모습으로 나타났습니다.
> 누군가의 모습이 변화하기를 원한다면
> 그 사람을 보는 여러분의 시선이 먼저 변화해야 합니다[7].'

과장된 표현보다 묵직한 침묵이,
백 마디 말보다 지속적인 행동이,
어정쩡한 해결보다 확실한 인정이,
변명 같은 주장보다 진심 어린 사과가,
애써 잘하는 것보다 내려놓고 그냥 하는 행동이,
먼저 내민 진심 하나하나가 상대와의 신뢰를 다시 회복시켜 줄거야. 결국 진심을 내보일 수 있는 용기는 스스로 변화된 시선으로부터야. 내 시선이 바뀌어야 상대를 바라보는 시선도 바뀌지.

'자기신뢰'는 '진정한 자기변화'를 이끈단다.
'자기변화'는 '변화된 관계'를 견인하고.
그러니 너 자신부터 먼저 믿으렴.

---

[7] 네빌고다드의 부활, 네빌고다드, 서른세개의계단, 2024.

너 스스로에 대한 진심어린 믿음 위에 배려로 소통하고,
소통으로 존중을 표현하며,
존중으로 상대와의 신뢰를 쌓고 다져가렴.

이 모든 과정은 다시 너 자신의 내면에 다부진 신뢰로 쌓인단다. 이렇게 너의 내면의 신뢰가 모루처럼 든든하게 바닥을 지탱해 준다면, 어떤 원형물이든, 혹여 잘못 빚어진 조형물일지라도 네 말과 행동은 새롭게 너와의 신뢰로써 두터워진단다.

아이야...
관계없는 인생은 없단다.
신뢰없이 관계는 이어질 수 없고.
자기신뢰없는 상호신뢰도 오래갈 수 없지.
너 스스로를 믿을 수 있을 만큼 너를 다져나가렴.
세상의 모든 관계의 시작은
너를 믿는, 그 단단함으로부터란다.

민들레

너처럼 살고 싶었다

밟히고 찢어져도

온전히 안고

다시 서는 너처럼

예쁠 것도 없이

귀할 것도 없이

그렇게 단단히

살아내고 싶었다

잊히고 지나쳐도

바람에 희망 담아

멀리 보내는

너처럼 살고 싶었다.

씨앗 달고

바람 타고

어느 땅도 탓하지 않고

감사로 내려앉는

너처럼

그렇게 살고 싶다

네게 '굴복'을 명령한다

아이야,

너 혹시 우리 사회의 상위 1%의 비밀을 알고 있니? 아니면, 멘사 회원들이 모여 무슨 대화를 나누는지 알고 있니? 알고 싶지만 우린 알 수 없지. 그건 비밀이니까. 엄마는 오늘 네게 이에 버금가는 비밀을 말하려고 해. 이 비밀 역시 정신을 공부하고 꿈을 현실로 만드는 상위 1%의 비밀이라고 감히 말할 수 있어.

이 힘은 엄청나게 위대한 힘이야.
결연하고 막강하고 유익한 힘이야.
상대방이 스스로 무릎을 꿇을 수밖에 없는 그런 힘이란다.

바로 **굴복**이야.

굴복(屈服)이란 단어는 뜻을 굽힌다는 의미로 다소 부정적인 느낌이 들지. 항복, 복종도 마찬가지야. 그런데 이 의미를 자세히 들여다보면 바닥에 완전히 머리를 조아리는 다소 비굴한 모습 속에 우리가 가진 어떤 것으로도 여지를 지니지 못하게 만드는 강력한 본질이 있어. 어떤 상황이나 환경에서도 절대적인 힘을 갖고 있다고도 할 수 있지. 그래서 엄마는 순종보다는 주체적이고 능동적인 굴복이 훨씬 더 삶에 필요하다고 본단다.

사람들은 말하지. 모든 걸 다 잃어도 '자존심'은 지키라고.
힘이 모자라서건, 그렇지 않건, 무릎 꿇는 건 자존심 문제라고,
세상 다 잃어도 자존심은 지키라고.

하지만 굴복해야 할 때 완전하게 굴복하면 결국에는,
내가 자존심을 지키는 게 아니라
자존심은 스스로를 지켜내고 오히려,
나까지 지켜낸단다.

인간은 원래 굴복하기 어려운 유전자를 갖고 있어. 제아무리 눈앞에 황금이 있어도 똥인지 된장인지 꼭 찍어 먹어보려 하잖아. 이렇게 인간은 자기주장이 강해. 자기 자신의 감각과 판단을 지나치게 믿는 경향이 있고. 물론 두뇌 하나로 모든 생명체 중에서 지배우위에 서 있다는 건 대단하지. 엄청나게 큰 몸을 가진 것도, 뾰족한

송곳니나 발톱이 있는 것도, 치타처럼 빨리 달리는 두 다리가 있는 것도, 땅을 파고 몸을 숨길 수 있는 기술이 있는 것도 아니잖아.

오로지 '뇌' 하나로 지구를 지배했으니 무언가에 굴복한다는 게 인간으로서는 여간 어려운 일이 아니겠지. 하지만 굴복해야 할 때 굴복하지 않으면 결국 굴복의 대상에게 넌 지배당하고 말 거야.

'단 한 가지 일이 필요하다.
신에게 맡기는 것. 네 자신 질서를 지키고
세계와 여러 가지 운명의 착각을 푸는 수고는 신에게 맡겨라.
허무건 불사건 상관없다.
일어날 일은 일어난다[1].'

우선, 네게 주어진 '하루'에 굴복해라.
어제의 너와 오늘의 너는 같은 존재일까?
너를 만드는 어제의 세포와 오늘의 세포는 같지 않아.
10년 전의 너와 지금의 너는?
그리고 10년 후의 너는?

세포와 겉모습이 변하는 것처럼 너의 내면도 무조건 변해. 세상도 변하고 하늘도 변하고 식물도 변하고 너의 겉모습도 변하고 너를

---

[1] 아미엘 일기, 앙리프레데릭아미엘, 동서문화사. 2007.

구성하는 모든 물질이 변하는데 어떻게 네가 같은 존재일 수가 있겠어? 그래서 오늘 '하루'는 전체 인생에서 유일한 '날'이야. 그런 '하루'가 주어졌는데 오늘 네 마음이 꿀꿀하다고, 적적하다고, 왠지 석연치 않다고 대충 살거나 덧없이 소모하거나 억지로 '하루'를 때우려고 버티고, 버리고, 무시하고 심지어 내던진다면 너의 새로운 '날'은 영원히 사라지는 거야.

주어진 '하루'에 굴복해라.
온전한 '하루'로 만드는 네 의무에 의지를 보태라.
네가 '하루'에 굴복하면
'하루'가 너의 새로운 날이 되어 널 새롭게 만들어 줄 것이야.

네게 삶을 보여줄 '스승'에게 굴복해라.
'스승'이란 먼저 걸어가 '삶'을 이끌어줄 수 있는 대상이나 대인이겠지. 그래서 엄마는 책 속의 성현들에게 굴복하고 있어. 아주 오랜 시간 꾸준하게 인간의 삶에 영향을 미친 성현들, 성경이나 기타 경전들에 무조건 굴복하고 그들의 율법에도 굴복해 봐.

엄마는 엄마의 정신에 멱살을 잡아 일으켜 준 '아우렐리우스[2]'
자연 속에서 삶의 존재와 본질을 이야기한 '소로우[3]'

---

[2] 마르쿠스아우렐리우스(Marcus Aurelius, 121-180) : 로마 제국의 제16대 황제, 스토아 학파, '명상록'의 저자.
[3] 헨리데이비드소로우(Henry David Thoreau, 1817-1862) : 미국 출신의 수필가, 시인, 철학자, '월든'의 저자.

글과 삶의 진실한 의미를 엄마에게 깨닫게 해준 '릴케[4]'에게도 굴복해. 네가 어렸을 때나 청소년 시절에 이 모든 시기마다 굴복해야 할 대상은 다를 수 있지만, 어떤 시기든 성현들의 말씀에 굴복부터 해야지 비판부터 가하지 않길 바란다.

책을 읽으며 엄마는 '양극성[5]'을 알게 되었고, '실패와 자책감에 빠지게 하는 감옥에 갇힌다면 간수는 우리 자신 뿐이며 자신을 구출할 열쇠는 자신만이 가지고 있다[6]'는 사실을 알았어. 그래서 세계가 이원성을 띠고 서로 조화를 이룬다는 것도, 삶의 모든 문제와 해답은 내 안에 있다는 것도 알게 되었지. 이렇듯 살면서 바짝 무릎꿇고 배워야 할 위대한 스승은 늘 네 곁에 아주 가까이에 있단다.

또한 네 가까이에 정말 닮고 싶고 배우고 싶고 따르고 싶은 누군가가 있다면 나이와 직업, 기타 조건으로 보여지는 편견을 버리고 굴복해 보렴. 배우는 자세는 비판보다 순종, 그저 함께하며 닮아가 보렴. 네 의견이나 주장이 있더라도 잠시 접고 그저 배우려는 태도로 함께 지내보렴. 진정한 스승이라면 나중에 네가 알게 될 거야. 네 생각과 네 행보까지 모두 읽고서 널 이끌어줬다는 것을 말이야.

---

[4] 라이너마리아릴케(Rainer Maria Rilke, 1875-1926) : 체코 프라하 출신의 오스트리아 문학가, '말테의 수기' 저자.
[5] 양극성을 통해 세계가 이원성을 띠고 서로 조화를 이룬다. (뤼디거달케, 몸은 알고 있다, 2006) 발췌.
[6] 아카바의 선물, 오그만디노, 학일 출판사, 1980.

'우리에게 일어날 수 있는 가장 이로운 일은
위대한 스승이 있는 곳에 머무는 것이다.
평화와 완전한 항복의 상태가
육체적으로 존재하는 곳에 머물면,
그 진동을 얻을 수 있기 때문이다[7].'

내면의 너, '자아'에 굴복하렴.
자아에 굴복한다? 그렇지, 글자 그대로야. 인간은 물질적인 신체와 비물질적인 정신으로 실체가 만들어지지. 또 신체, 정신과 대립되는 초월적인, 즉 비실재인 영혼이 있잖아.

네가 너의 자아에게 굴복하라는 의미는
현실의 실체가 비실체인 영혼에게 굴복하고
과거로부터의 '인식'이 미래의 가능성인 '의식'에게 굴복하고
현실의 나, 'Ego'가 심연의 나, 'Self'에게 굴복하라는 의미야.
그러니 관념을 내려놓고 심연의, 영혼의 소리를 따라보렴.

'이성만을 맹신하는 자들의 지팡이는
쉽게 부서지는 나무와도 같다[8].'

---

7 놓아버림, 데이비드호킨스, 판미동, 2013.
8 루미 시집, 잘랄아드딘무하마드루미, 시공사, 2019.

우리가 우리 자신을 경험하는 방식은 단순히 이성적 사고에만 국한되지 않아. 어느날 갑자기 섬광처럼 떠오르는 직관, 이는 결코 이성이 잡아낼 수 없는 거야. 이런 감각은 너의 눈앞에 보이는 현실을 초월한 새로운 영감을 통해 기회를 알아차리게 하거든. 영혼이 자극하는 감각은 우리가 미처 생각지 못한 꿈을 발견하게 해서 그것을 따라가도록 이끌어 줘.

'삶의 작은 부분을 바꾸면
우리의 인생이 완전히 달라질 것이라는 생각은
어린아이나 하는 것이다.

그것은 카펫에 앉아 끄트머리를 잡아당기면
하늘 높이 날아오를 수 있다는 생각과 같다.

무언가를 제대로 하려면 그 방법을 알아야 한다.
어떤 일이든 마찬가지다.

우리가 원하는 삶을 살려면 어떻게 해야 하는지 알아야 한다.
우리는 모두 희망하는 일을 이루고 싶어 한다.
하지만 그러면서도 우리 안에 있는
영혼이 인도하는 길은 걷지 않으려고 한다[9].'

---

[9] 살아갈 날들을 위한 공부, 톨스토이, 위즈덤하우스, 2025.

그러니까 경험하지 않았지만 너에게 강력한 영감을 주었다면 그것을 따르는 게 옳아. 볼테르는 이를 '예정조화[10]'라고 했는데 어떤 일이든 조화를 위해서 미리 예정되어 있다는 말이야. 서로 맞물려 돌아가는 시계의 톱니바퀴처럼 서로 독립적으로 움직이지만 전체적으로는 완벽한 조화를 이루게 된다는 말이지.

무조건 굴복하길 바라는 대상은 '꿈'이야.
엄마에게는 이루고 싶은 꿈이 있었어. 하지만 너희를 양육하는 일이 그때의 엄마에겐 꼭 해내야 할 일이었어. 버겁고 힘들다고 도망쳤다면 어땠을까? 생각하면 아찔하다. 그러니 힘들다 불평하면서도, 남몰래 울어가면서도 해야 했어. 그렇게 꿈을 잊고 살다가 지금은 엄마에게 꿈이 생겼잖아. 마치 사명과도 같은 꿈! 그 꿈보다 엄마는 작아. 그러니까 꿈이지. 그래서 엄마는 엄마의 꿈에 굴복해.

꿈은 너의 '정체'야.
너의 '존재'이고
네가 닿아야 할 '항구'야.

그러니 꿈이 네 삶의 현실이 되게 하려면 지금의 너를 완전히 내려놓고 꿈에 적합한 네가 되어야 해. 잘 굴복한다는 말은 꿈에 어

---

10 캉디드 혹은 낙관주의, 볼테르, 열린책들, 2009.

울리는 네가 되어간다는 뜻이야.

이 모두를 위해 '진리'에 굴복해 보렴.
데카르트는 '모든 것을 의심하더라도 더 이상 의심할 수 없는 것은 진리라고 믿고 의심하지 말아야 한다[11]'고 했어. 그가 진리 앞에서 자신의 태도를 정한 것처럼 우리도 진리 앞에선 100% 굴복해야 해. 모든 단어에는 대립되는 양극성이 있어. 하지만 사랑, 공기, 숨, 우주, 자연, 생명, 이것들에는 대립이 없어. 오늘의 대립극은 뭘까? 오늘이 아닌 모든 날이지. 그건 그 자체로 온전하다는 의미고, 온전한 것은 진리야. 그러니까 진리는 우리가 따라야 할 원리고 섭리지.

매일 너를 새롭게 키워 줄 너의 **'하루'**에 굴복하고,
너의 진가를 알게 하고 내면을 채워 줄 **'스승'**에게 굴복하고,
미래의 꿈으로 너를 이끌 심연의 **'자아'**에게 굴복하고,
너를 진정한 너의 자리로 데려가 줄 **'꿈'**에 굴복하고
이 모든 **조화**를 위한 율법인 **'진리'**에 굴복하렴.
이유도 필요없고 방법도 소용없어.
그저 굴복하렴.

굴복은 **그냥 냅다 무릎 꿇는 거야.**

---
11 방법서설, 르네데카르트, 동서문화사, 2016.

이것저것 재지도 따지지도 않고
그냥!!

그냥 무릎 꿇는다는 건 이런 거야.
주장(主張) 완장과 자부심을 내려놔!
우리는 주장 완장을 차고 다니면서 모든 걸 내 주장대로 하고 싶어 해. 완장에 자기 소속이나 특정 역할을 거창하게 새겨넣고 팔뚝에 척! 두른 채 은근히 뻐기고 싶어 하지. 내가 가진 지식을 디딤돌로 삼아 이성이 만들어낸 주장을 외치고 싶어 해. 목소리를 내는 게 나쁘다는 건 아니야. 완장을 찬 채로 이성의 불완전함을 인정하는 게 쉽지 않다는 말이지.

> '이성은 그 자체로 진실의 길잡이를 제공하지 않는다.
> 이성은 막대한 분량의 정보와 문서를 생산해 내지만,
> 데이터와 결론의 불일치를 해결할 능력이 결여되어 있다[12].'

그러니까 네 이성이 불완전하다는 사실을 인정하고 굴복의 통제 안에 너를 맡겨. 이만큼 했다는 자부심도 던져버려! 자부심이 왜? 있으면 좋은 거 아냐? 물론 자부심은 필요해. 하지만 **굴복해야 할 다섯 가지에서는 자부심마저도 너의 허세가 될 수 있어.** 허세는 계속 네 갈 길을 방해하면서 비판하고 판단하고 널 종용할 거야. 그

---

12 의식혁명, 데이비드호킨스, 판미동, 2011.

러다가 스스로에게 실망하게 되지.

자부심은 보편적으로는 지니면 도움 되는 것으로 알고 있지만, 그건 자신보다 더 낮은 수준과 '비교'할 때에만 좋게 느껴지는, 비교에 의해 상대적으로 우월감을 느끼는 개념이야. '자부심은 방어적이고 상처받기 쉬운데 왜냐하면 외적 조건에 의존[13]'하고 있어서 그것 없이는 존재할 수 없어서야. 또 '자부심의 약점은 오만과 부정이다. 이러한 특성상 자부심에 가득 찬 사람들은 의식의 성장을 스스로 차단[14]'하기도 하지. 그래서 자부심은 성장을 막는 장애물이 되기도 해.

시간과 관계의 끈도 놓아버려!
엄마가 지금 살고 있는 매일이 굴복의 날들이야. 시간도 관계도 놓아버리고 엄마가 해야 할 글을 쓰고 읽어야 할 책을 읽으며 굴복이 뭔지 온몸으로 느끼고 있어. 엄마가 시간과 관계를 포기한 것 같니? 아니, 실제로는 포기한 게 아니라 미룬 거야. '만족지연[15]'이라고 하지. 내 의지를 굴복시키고 미래를 직조하는 중이야. 바라던 바를 이루는 그 순간 엄마는 원하는 시간과 원하는 관계를 선택할 수 있는 힘이 생겨.

13, 14 의식혁명, 데이비드호킨스, 한문화, 1997.
15 즉각적인 만족이나 보상을 미루고, 장기적인 목표나 더 큰 보상을 위해 인내하는 능력.

그러니 아이야,
너의 주장, 자부심, 시간과 관계.
딱 하나만 생각해라.
없다고 생각해!

하나도 남기지 말고 이것들을 미련 없이 살라버리고 되돌아갈 다리를 끊어 버리렴. 그래야 일정 기간의 굴복 끝에 네가 원하는 모든 걸 얻게 돼.

이렇게 말해놓고 보니 굴복은 **'견습기간'**이네. 네가 알고자 하는 것을 향해 훈련하고, 규칙을 익히고, 칼을 갈아 너 자신을 날카롭게 벼리는 견습기간. 이 기간을 제대로 굴복해서 너의 자아가 진정 원하는 너의 실체를 만들어 내라.

'굴복'해야 한다는 사실을 받아들이기 전의 엄마는 욕구불만에 차서 늘 화가 많았어. 내 마음처럼 되지 않는 일들 속에서 왜 나한테만 이런 일이 일어나는지 모르겠다며 불평했지. 하지만 불평은 결국 엄마를 더욱 초라하고 비굴하게 만들었어.

'항복하는 사람은 약함보다는 강함에 의지한다[16].'

---

16 놓아버림, 데이비드호킨스, 판미동, 2013.

모세의 '십계명[17]'을 보면 뭐뭐 하지 마라, 하는 신의 명령이 담겨 있지. 이 규칙에 굴복하는 건 자유야. 그런데 자발적으로 굴복하면 규칙을 초월하는 통일성이 만들어져. 십계명을 지켜서 살인하지 않으면 생명 존중 의식이 자리잡고 거짓말 하지 않으면 서로에게 신뢰가 생겨. 탐심을 억제하면 진정한 욕구를 추구하게 되고 부모를 공경하면 세대 간 존중과 연대감을 얻게 돼. 계명이 때로 잔소리나 억압하는 밧줄로 느껴지기도 하지? 그래도 굴복하지 않으면 안 돼. 삶의 구렁텅이에서 널 지켜주고 나아가게 할 힘이야.

이렇게 굴복에 대한 구속이 네가 뜻을 이루는, 그것도 초행길에서는 반드시 필요한 자세란다. 1도 남기지 않는 완전한 굴복 위에 비로소 생의 원리를 깨닫는 너의 왕국이 세워질 거야. 굴복이 너를 완벽하게 무릎꿇릴 때 너와 모두가 이롭게 되는 거야.

'**진리**'에 굴복하면 '**꿈**'을 믿게 되고
'**꿈**'에 굴복하면 '**자아**'를 발견하지.
'**자아**'에 굴복하면 '**스승**'이 보이고
'**스승**'에 굴복하면 '**하루**'를 얻게 돼.

---

17 이스라엘 민족을 이집트의 노예 상태에서 해방시킨 민족의 지도자 모세가 시내산에서 신의 율법으로 받아 가져 온 열 가지의 계명. 1. 나 이외의 다른 신을 섬기지 마라 2. 우상을 섬기지 마라 3. 하나님의 이름을 망녕되이 부르지 마라 4. 안식일을 거룩히 지켜라 5. 너희 부모를 공경하라 6. 살인하지 마라 7. 간음하지 마라 8. 도둑질하지 마라 9. 이웃에 대하여 거짓 증언을 하지 마라 10. 네 이웃의 재물을 탐하지 마라.

그렇게 **굴복**으로 쓰여진
'하루'가 모여 너는 네 '꿈'을 손에 쥐게 된단다.

엄마 봐봐. 이 모든 것에 굴복해서 서로를 이롭게 하는 좋은 사람들을 만나고 엄마를 지속적으로 성장시키는 배움과 가야할 삶의 방향을 얻었잖아. 그리고 신기한 건 굴복을 잘 해냈더니 평소에 극복하고 싶은 것이 저절로 극복되더라.

다섯 가지에 굴복하는 단 하나에 집중했는데!
엄마 내면에 있는 열등감, 게으름, 부정적인 것부터 어려움과 갈등 같은 삶의 다양한 난관까지 다 극복되어 버린다고!
그래서 굴복은 곁다리를 쳐내고 정수, 목표, 꿈만을 바라보게 하는 위대하고 거창한 위력이고 최고의 성공자세라고 엄마는 확신 있게 말할 수 있어.

아이야,
굴복에 굴복당해라.
굴복해야 할 때, 완전히 굴복해라.
굴복 안에 네가 얻어야 할 참 지혜가 있단다.
꿈을 손에 쥘 참 지혜.
참 지혜로 네게 필요한 모든 자원을 지니렴.
굴복에 집중해서 나머지가 극복되는 신비를 만나렴.

뻗어나가는 힘, 빚어내는 짓!

아이야,
아직 이른데... 겨울이 큰 숨을 내 뱉았나 봐.
어제 내린 된서리로 엄마는 수확을 재촉받고 있어.

서리는 대부분의 식물에게 '끝'을 알리는 신호란다.
가을의 마지막 따스함이 겨울의 냉기와 만나는 경계!
줄기와 잎은 제 몫을 다했다는 듯 힘을 잃고
열매로 향하던 마지막 기운마저 끊어지며
생의 무대는 조용히 막을 내리지.

그러나 모든 식물이 서리 앞에서 생을 끝내는 건 아니란다.
오히려 그 차가운 경계를 넘어 더 깊이 살아내는 생명도 있어.

"여기가 끝이라고?
아니! 끝은 오지 않았어!
단 1% 가능성이라도 남아 있다면,
내가 살아있는 한 그 가능성을 열매로 짓겠어!"

바로 검은콩, **서리태**야.
대부분의 콩이 가을이면 생육을 멈추지만, 서리태는 달라. 줄기를 멈추지 않고 뻗어내며 꽃을 피우고 동시에 꼬투리를 여물면서도 잎을 키워내지[1]. 단 1%의 가능성에 자신을 뻗어 내리며 서리의 냉기마저 두려워하지 않는단다.

'서리를 맞을 만큼 크고 단단하게 살아남는 늦콩[2]'

'서리태'라는 이름은 단지 서리 속에서 살아남는다는 단순한 별칭이 아니야. 서리가 내릴 때 비로소 자신의 '태(態)' 곧, 본래의 자신을 완성한다는 본성을 담은 이름이지.

서리(霜) 태(太).
그 이름 자체에 검은콩이 걸어온 생의 태도와 완성된 존재의 품

---

[1] 무한생육형(Indeterminate growth type) : 꽃이 피고 꼬투리가 맺히는 동안에도 줄기 끝의 생장이 멈추지 않아, 영양생장과 생식생장이 동시에 진행되는 생육형을 말한다. 개화·착과·비대·성숙이 중첩되어 진행되어 같은 개체에서 여러 단계의 꼬투리가 동시에 관찰된다. 서리태처럼 줄기·잎·꽃·꼬투리가 순차적으로 계속 자라며 익는 특성이 있다.(출저 : 구글)
[2] 네이버 국어사전

격이 담겨 있어.

서리태는 온몸으로 냉기를 받아들이며, 뿌리는 땅속의 숨은 열을 모아 생(生)의 온도를 만들어낸단다. 지속적인 뻗어나감은 '다 이루었다'는 선언에 맞서는 생의 반기(反旗)이며 생이 품은 마지막 반동(反動)이자, 시듦 속에서도 생의 온기와 열기와 혈기로 **뻗어나가는 힘**이란다.

뻗.어.나.가.는.힘.

그 힘은, 끝까지 '자신의 남은 숨결을 뻗어내라'는 심연의 속삭임을 받아들여, 마침내 '존재를 증명하라'는 우주의 명을 자기 삶 속에 심고 냉기 속에서도 고요히 파문을 일으키는 무서운 힘이란다.

> '우주는 우리가 어느 길을 따를 것인지를
> 순간순간 선택하는 동안,
> 숨죽인 채 기다리고 있다.(중략)
> 우리의 결정은 의식의 우주 전체에 파문을 일으킨다[3].'

우리도 마찬가지란다.
우주의 숨결이 네 심장박동에 닿는 순간, 우리는 파동을 느끼지.

---

3 의식혁명, 데이비드호킨스, 판미동, 2011.

거창한 말이 아니야. 오늘 너에게 주어진 사소한 몸짓 하나로부터 떨리는 심장, 그 작은 하루하루의 떨림을 실현하는 방식이면 된단다.

엄마는 해가 뜨기 전 피곤한 눈을 비비며 책을 펼쳐. 단 한 줄이라도 더 내 정신을 일깨우려는 작은 몸부림이지. 그러다 태양이 떠오르면 정신을 품은 채 20리터 물통을 메고 밭으로 나가. 온몸이 흠뻑 젖을 정도로 고된 노동이지만 스러져가는 힘 속에서도 결코 손을 멈출 수는 없단다. 그러다 잠깐의 여유가 오면 풀밭에 널부러져 다시 글을 써. 그렇게 해가 지고 밤하늘의 별이 질서를 만들 때, 엄마의 흩어질 듯 흔들리는 마음에도 작은 별빛 같은 질서가 세워진단다. 엄마의 삶이 겉으로는 단순한 노동일 뿐이지만, 하루의 사소한 몸짓 속에서 엄마의 꿈을 땅과 글에 심어내고 있어. 편안함을 미루고, 단 1%의 가능성까지 붙들어 오늘을 다해 살아내려 해.

아이야, 고된 노동에 지치거나 무너질 듯한 삶의 순간이 네게 닥칠 때가 있을 거야. 엄마만, 너만 그런 것이 아니란다. 삶이란 그렇게 고된 순간을 누구에게나 이유를 숨긴 채 느닷없이 맞닥뜨리게 해. 그 때 엄마는 생각해. 끝이라 여겨진 계절, 죽음의 냉기를 견디며 영글어간 서리태처럼, 엄마도 그 고된 순간을 '뻗어나가는 힘'으로 한 번 더 삶을 향해 뻗어내야 한다고. 이 땅에 끝까지 영글어가는 존재로 남아야 한다고 말이야.

그런데 아이야,
서리태의 검은 빛에는 비밀이 있단다!
검은색 껍질은 만들어진다!

처음에 콩알은 연둣빛으로 자라다가, 낮과 밤의 온도차를 한 겹씩 통과하면서 마침내 극심한 서리의 냉기로 검은빛을 영글어 가. 하지만 그 빛은 단순히 검은 것이 아니란다.

'흑철빛[4]**'**

서리태는 속에 담긴 것을 겉으로 빚어내기까지 멈추지 않았어. 칼날 같은 서리를 통과하면서 삶과 정신, 내면과 외면이 하나 되는 순간까지 도달하고야 말아. **이 진통의 과정이 진주보다 아름다운 흑철빛으로 자신을 '빚어내는 짓'이란다.**

경계의 멈춤 앞에서 지속한 성숙은
압박과 괴로움으로 응축된 농도로 빛났고.
끝까지 살아냈음이 곧 증명이 되고,
그 증명은 자기 이름의 품격이 되었지.
그 품격은 내면의 의지가 외형으로 굳어진 징표야.

---

4 흑철(黑鐵): 검을 흑, 단단할 철. 빛을 품은 단단한 검은색이라는 의미.

정신은 상징에 머물지 않았단다.
'뻗어나가는 힘'으로
'빚어내는 짓'으로,
'정신의 응결체'를 만들어내고야 말았어.

아이야,
'정신의 삶을 이해하려는 노력은 당연히 나 자신의 삶을 이해하는 과정의 일부[5]'야. 누군가는 이념을 붙잡고도 결과 앞에서 흔들리고, 누군가는 돈을 쥐고도 자신을 잃어버리고 또 누군가는 사랑하는 사람을 곁에 두고도 삶의 의미를 잃는단다. 신념을 잃은 명분과 정신이 소멸된 부(富), 의미를 담지 못한 사랑은 결국 불안에 닿는단다.

서리태가 초록에 겹을 응축시켜 흑철빛으로 자신을 드러내듯, 정신이 물질로, 물질이 다시 정신으로 흡수되는 선순환 속에서 '한 사람'은 '하나의 존재'가 된단다. 결국 **'정신을 빚어내는 건'** 단지 **생각만을 고귀하게 만드는 일이 아니라, '무엇이 나를 움직였는가?'라는 질문을 현실의 질감 속에 새겨 넣는 일이지.** 그렇게, 너의 내면의 에너지를 움직인 그것으로 삶의 결이 빚어져 마침내 전체가 된 하나가 '너'라는 존재의 증명이 되는 것이란다.

---

5 정신의 삶, 한나아렌트, 푸른숲, 2019.

아이야,
서리태를 먹어봤지?
껍질 안은 여전히 초록빛이잖아.
겉은 살아낸 시간을 입었지만,
속은 처음의 푸른 존재의 맥박을 간직하고 있단다.

서리태는 우리에게 말하지.
삶은 겉과 속처럼 두 겹의 얼굴을 가진다고.
그 둘이 겹쳐질 때 비로소 삶은 깊이를 얻고,
진짜 완숙에 다다른다고.
바깥의 변화에 휘둘리며 본성을 잃는 게 아니라,
외부의 무게를 껍질로 받아내면서도
내 안의 본래의 색을 간직하는 것이라고.
그것이 성숙된 자아이자 삶이라고.

그러니 아이야,
누군가 세상과 다르게 가고 있다고 말하거든,
그 말에 휘둘리지도, 주눅 들지도 말고 서리태를 생각하렴.

살아남는 것이 목적이 아니라, 살아 있는 동안 끝이라 말하는 계절 앞에서도 멈추지 않고 자신을 성숙시키는 서리태처럼 네 마음 안에서 피어나는 한 줄기 빛이 이끄는 길을 따라, 그 빛의 속도로 네 존재의 색을 서서히 드러내렴.

사람들이 꿈을 얘기하며 책을 읽는 엄마에게 이렇게 말해. "돈이나 벌지, 무슨 꿈이야?" "여행은 왜 동네에서만 해?" "책 볼 시간에 잠이나 자지 그래." 하지만 엄마는 꿈이 이끄는 대로 새벽의 피로를 깨우며 책을 읽고 글을 쓰며, 너희와 자연 속에서 놀고, 햇살 뜨거운 논밭을 누비며 내면의 색을 찾아가고 있단다.

뻗.어.나.가.는.힘이 네 안의 멈춤을 깨뜨리고
빚.어.내.는.짓이 너의 가치를 단단히 익혀가길.

지금 이 자리에서,
엄마는 엄마의 시간을, 너희는 너희의 시간을 끝까지 살아내자. 그렇게 서리의 냉기 앞에서도 자신을 향한 몰입이 흑철빛으로 단단히 영근 서리태처럼 엄마는 엄마의 색을, 너희는 너희의 색을, 스스로의 온도로 빚어내자.

뻗어나가기 위해
빚어내는 짓이
바로 자기 삶의 빛과 색을 증명해 낼
지금 우리의 태도란다.

이음 너머

'그랬구나. 왜 그랬을까?'
엄마가 지금부터라도 네게 건네고 싶은 말이야.

엄마는 주로 이렇게 물었어. "오늘 어땠어?", "오늘 제일 기억에 남는 건 뭐야?" 너는 짧게 "좋았어."라고만 답했지. 그 단조로운 대답 안에서 어떻게 네 속의 깊은 이야기를 끌어낼 수 있을까 고민했지만 방법을 잘 몰랐어.

엄마는 초보 엄마였고, 세상은 정보로 넘쳐났어.
'아이들에게 누구랑 놀았냐고 묻지 마라', '질문하지 말고 감정을 먼저 공감하라', '규칙 있는 환경을 만들어라', '유대인은 아이에게 무슨 질문을 했는가를 묻는다.' 육아서적과 영상으로 배운 걸 따라 해보기도 했지만 질문들 속에서 헤매기만 했었지.

그런데 정작 중요한 것은
질문의 '방법'이 아니라
지금 이 순간, 너의 마음과 얼마나 연결되어 있는가였어.

어느 날 동물원에서 네가 사자를 잠깐 보더니 곧 기린으로, 또 금세 코끼리로, 그렇게 다음 동물로 서두르더라. 그때 문득 돌아봤어. 너에게 더 많은 것을 보여주고, 더 넓은 세상을 경험하게 해주겠다며 애를 쓰고 우리의 삶을 채워갔던 날들을. 키즈카페, 과학관, 동물원, 농장, 어린이 공원, 숱한 장난감과 체험 수업들로 채워진 우리의 하루들 말이야.

이 많은 경험 중에, 네 마음에 진짜 남는 건 무엇일까.
너는 과연 지금 이 순간을 충분히 만끽하는 중일까.
혹시 경험의 양이 순간의 깊이를 빼앗고 있지는 않을까.
사실 그 물음은 너를 향한 것이 아니라
엄마 자신을 향한 질문이었단다.

지금 이 순간을 충분히 느끼지 못한 채,
더 많은 것들을 보고 들으려,
더 욕심내어 눈과 귀를 채우려,

흔들리는, 아니 스스로를 흔들고 있는
엄마의 지난 시간, 앞으로의 삶에 대한 물음.

육하원칙에 지배당하는 사회에서 엄마는 육하원칙을 지배하려고 했어. 학창 시절에 배웠던 '누가, 언제, 어디서, 무엇을, 어떻게, 왜'의 순서에 익숙해진 탓에 엄마는 늘 '누가'에 먼저 신경 썼어. 이어서 과거의 추억이나 미래의 결과가 중요했고, 우리에게 어느 곳이 제일 좋을지 늘 물색했지. 또 무엇을 하는지, 어떻게 빨리 효과적으로 할 수 있을지에 관심을 뒀어. 마지막에 남은 '왜'에는 좀처럼 깊이 닿지 못했어.

정작 봐야 할 것은 그 누구도 아닌 '엄마 자신'이고, '지금 이 순간'이고, '외부가 아닌 내면'이고, '속도가 아닌 깊이'인데 말이야. 어렴풋하지만 엄마는 엄마의 중심과 연결되어 있지 않았다는 것을 알기 시작했지.

중심.
중심에의 연결.
눈과 귀, 모든 감각으로 느낀 것들이 중심 없이 헤매다 보니 많이 담아도 흩어졌던 거야. 그래서 깊이 담아내기도 전에 '바르게'보다는 '빠르게', '바쁘게' 하루하루를 보냈던 것 같아. 그런데 아니? 육하원칙의 마지막에 있는 '왜'라는 질문이 가장 중요한 거?

'왜'야말로 모든 것을 연결하는 질문이었어.
시작이자 마지막인 질문.
끝에 있지만 모든 현상의 처음을 여는 열쇠.
흩어진 것들을 다시 이어주는 연결 고리.
'왜'는 목적을 잃은 발걸음에 다시 방향을 주고,
흔들린 마음에 중심을 심어주는 나침반이었어.

2-3년이 멀다하고 너무나도 빠르게 변하는 사회야. 인공지능이 세상을 채우고, 어제의 성공도 금세 사라지는 시간 속에 우리는 살고 있지. 쏟아지는 변화의 홍수 속에서 속도를 함께 타는 소수만 살아남고 급류에 휩쓸리는 다수는 고립되거나 추진력을 잃어가. 이렇게 속도에 밀려 구분되고 단절되는, '인스턴트'하게 순간을 잘라낸 사진 몇 장과 짧은 문장들이 '그램' 단위로 가볍게 흘러가는 세상 속에서 우리는 서로의 하루를 손가락으로 넘기며 전 세계 수십억의 인구와 연결된 듯 보이지만, 관계의 넓이가 깊이를 앗아가고 있을지도 몰라.

좋고 아름다운 순간을 느끼지 못한 채 카메라의 셔터를 누르고,
느낌을 따르는 심장의 뜨거움보다 합리만을 추구하는
머리의 차가움에 더 익숙해져 무뎌지고,
그 차가움에 사고와 관계의 온도도 점점 얼어붙고 있어.

엄마의 핸드폰에는 9만 장이 넘는 사진과 영상들이 쌓여있지만, 정작 자주 들여다보지는 않아. 매달 저장공간을 늘리며 돈을 지불하면서도, 불필요한 것들은 쉽게 비워내지 못하고 있어. 가끔 사진첩을 뒤적이다 너희의 어린 시절을 마주하는 그 찰나의 소중함을 만끽해.

그런데 생각해 보면, 엄마는 과거와는 무엇이든 연결하면서 현재와 연결하는 법, 지금 눈 앞의 너희에게 온전히 머무는 법은 잘 모른다는 것 같아. 그래서 엄마는 결심했어.

더 느리게 더 깊게 연결하기로.

카메라 렌즈 대신 눈동자에 하늘을 담고
화면 속 웃음 대신 네 볼의 온기를 느끼고
시간을 붙잡기보다 흐름에 몸을 맡기고
순간을 쌓기보다 온전히 머무르기로.
사진 한 장을 넘기기보다 순간을 깊고 소중하게 여기기로 했단다.

얼마 전까지만 해도 좋은 부모를 만나 좋은 조언을 들으면 성공으로 이어지는 경우가 많았어. 하지만 이제는 세상이 달라졌단다. 이제는 부모의 조언에 따라 안전한 길을 택하기보다, 스스로의 나침반을 들고 배를 만들어 항해하는 법을 배우는 게 더 중요해졌어.

'배를 만든다는 것은
돛을 짜거나, 못을 두드리거나, 별자리를 읽는 일이 아니다.
진정한 배 만들기란 사람들에게
끝없이 펼쳐진 바다에 대한 동경을 일깨워주는 것이다[1].'

엄마는 이 구절을 떠올리며 생각했어. 그동안 네게 배를 만들어 주려 했구나. 너 스스로 세상을 채워갈 수 있는데도 기다리지 못하고 많은 것들을 대신 채워주려 했었다는 것을.

바다… 그건 꿈이지. 너희가 늘 꿈꾸는 아이들이 되길 원해. 사람은 꿈에 부풀 때 에너지로 가득 차거든. 엄마도 그랬어. 하지만 어느새 꿈이 조금씩 희미해지는 거야. 항해하는 방법을 점점 잊어가는 느낌? 대체 이유가 뭐였을까? 머리로 따지는 현실은 '한계'라는 이름 앞에 엄마를 세우고서 엄마의 마음속 뜨거움을 차갑게 식혀가고 있었어.

'고독한 자기는 비록 단절과 고립의 상태에 있지만,
단절과 고립의 힘을 통해서
비로소 종속성을 깨닫고 거기서 벗어난다.
종속성을 벗어나자마자 이 독립적 주체는 능동성을 회복하고
진실한 내면을 외부로 확산할 힘을 갖는다.

---

[1] 앙투안 드 생텍쥐페리에게 귀속된 인용으로 알려짐, Citadelle, 1948.

> 자기를 확산하는 활동이 시작되면
> 비로소 창의적이고 생산적인 연결도 덩달아 시작된다[2].

차가운 머리의 이로움보다 차갑게 식어가는 마음에 괴로웠던 시간 속에서 엄마는 서서히 엄마에게 묻기 시작했단다. 끊임없는 '왜'의 연속에서 엄마의 마음 깊은 곳에 무언가가 느껴지기 시작했어. 나는 왜 이 자리에 서 있을까. 나는 왜 이 길을 걷고 있을까. 나는 왜 이런 생각들을 품고 있을까. 너희에게 진짜로 물려주어야 할 것은 완성된 배가 아니라 엄마가 이번 생에서 향하고자 하는 방향이 담긴 지도 한 장을 손에 쥐는 모습. 그리고 그 길로 항해하는 모습. 이거다! 싶었어. 바다를 동경하는 마음이 네 안에서 자연스럽게 솟구치도록 말이야.

이상하게 공부를 많이 했는데 지식만 많고 삶의 지혜가 없더라. 이대로 살아도 괜찮다는 귓가의 속삭임은 솔깃했지만, 엄마가 걸어온 길이 너희 삶으로 흘러 들어가도 될지 확신이 서지 않았어. 묵직한 심장의 울림이 느껴진 그 순간 변화를 결심했어. 있는 것을 물려주고 싶지는 않고, 없는 것을 물려줄 수는 없으니, 알아야 했고 되어야 했어. 어떻게 더 좋은 본보기가 될 수 있을지. 가짜 공부 말고 진짜 공부가 필요했어.

---

[2] 탁월한 사유의 시선, 최진석, 21세기북스, 2017.

'공부가 필요하다는 느낌. 이 느낌이 있을 때,
크게 3가지를 명심하길 바란다.
읽는 책을 바꾸고
가는 장소를 바꾸고 만나는 사람을 바꾸고[3].'

그래서 엄마는 삶의 지혜를 얻을 수 있는 책을 펼쳤고 밖으로 나가는 대신 책상 앞에 엄마를 앉히고 화려함보다는 삶을 즐기는 이들을 찾았어. 그렇게 엄마 자신을 현재와 연결하며 서서히 엄마 가슴에 '왜'라는 질문의 항해를 이어갔고 너희를 잘 키우기 위해서라도 엄마는 늘 꿈꾸는 사람이 되어야 했어. 엄마 자신에게 던진 수많은 질문 속에서 엄마는 마침내 스스로와 연결되기 시작했단다.

'네 인생에 반드시 거머쥐어야 할 것은 단 하나.
네 인생의, 네가 가야 할, 목적지가 표시된 지도 한 장.
지금 네가 몇 살이건 상관없단다.
지금 네 위치가 어떻든,
학벌이, 능력이, 부모가, 외모가, 돈이…
뭐가 어떻든 상관없단다.
지도를 따르는 자는 무조건
자신의 삶을 가치 있게 만들어낼 준비가 된 셈이니[4].'

───────────
3, 4 엄마의 유산, 김주원, 건율원, 2024.

변화를 향해 질문하다 보니 꿈이 소생했어. 꿈속에서 길이 보였고, 그 길 앞에 서자 용기와 믿음이 자라나는 게 느껴졌지. 닫혀있던 감각과 감정, 그리고 이성의 틀 사이에 끊어졌던 실을 하나씩 이어 붙이듯 엄마는 자신 안의 세계를 다시 짜맞췄어. 그러자 심장의 소리와 행동이 오랜만에 같은 박동으로 뛰기 시작한 거야.

마치 바다의 숨결처럼 밀려오고 밀려 나가며
들숨과 날숨처럼 머무르지도 멈추지도 않은 채
파도가 모래를 적시면서 흔적을 지우듯
엄마의 마음을 조금씩 채우고 또 비워내면서 말이야.

그러다 엄마는 알게 되었어.
이해와 변화를 오가는 순환의 힘,
살아있는 에너지가 되어 가는 그 힘 말이야.
그것이 바로 연결이었어.

'왜'라는 질문은 '이해'를 낳았고,
'이해'는 '마음'을 움직여 '행동'을 변화시켰고,
'변화'는 다시 더 크고 새로운 '이해'로 연결되면서
그 '연결'의 틈에서
전체를 살아 움직이게 하는 힘이 되었어.

**그러다 보니 어느덧 '왜'는 사라지고
자연스럽게 흘러가는 변화의 순환.
그것이 연결이었어.**

'이해'가 배를 만들며 물었던 수많은 질문이었다면 '변화'는 항해의 과정이었고, '연결'은 이 둘이 만나 목적지에서 얻은 새로운 결과, 창조의 힘이었어. 창조는 네 삶에 새로운 생명을 보태는 것이란다. '이해'와 '변화'는 무엇이 먼저라 말할 수 없어. 엄마가 간절히 변화를 꿈꿀 때 깊은 이해를 얻었고 이해가 되니 나아갈 용기가 생겼어. 그 길에서 또 새로운 '왜'를 만나니 감각과 감정, 생각이 서로 혼란 속에 엮였고, 질서를 잡기 위해 변화하고 싶어졌지. 그래서 다시 행동했어. 알기 위해.

그렇게 책이, 장소가, 사람이 달라졌고, 그 시간 속에서 사라지는 지식이 아닌 살아있는 지혜를 얻기 시작했단다. 비록 이제 시작이지만 말이야. 왜 그런 말 있지? 사람은 자신의 그릇만큼 세상을 담을 수 있다고. 그릇을 키우면 더 큰 세상을 담을 수 있다니 엄마도 더 깊은 지혜를 배워 삶 속에 들이기 위해 천천히 엄마의 그릇을 넓혀가고 있어. 공간이 넓어질수록 마음의 고요도 깊어지는 법이지.

'연결'은 우리를 시도하게 하는 힘이야.
'왜'라는 질문에서 우리의 호기심이 시작되고
이해로 마음을 일깨워 행동을 변화시키지.

'연결'은 우리를 도약하게 하는 과정이야.
이해와 변화가 서로 맞물려 순환할 때
우리는 한층 더 높은 곳으로 나아가.
그것이 바로 그릇이 커지는 과정이란다.

'연결'은 우리를 깨어있게 하는 중심이야.
도약의 중심축이 되어
우리 안의 에너지를 고요하게 그러나 단단하게 깨어있게 해.

이 복잡해 보이는 흐름은 오른쪽 그림처럼
이해와 변화가 원을 이루며 끊임없이 이어지는 순환의 구조란다.

먼저, **연결은 우리를 시도하게 해.**
별표와 같이 반짝이는 통찰의 에너지를 추진 삼아.

'왜'라는 질문은 언제나 변화를 향한 신호야. 무언가에 이끌릴 땐 호기심이, 무언가에서 벗어나고 싶을 땐 의구심이 질문을 이끌어 내. '왜'는 곧 머물러 있지 않으려는 마음의 움직임이야.

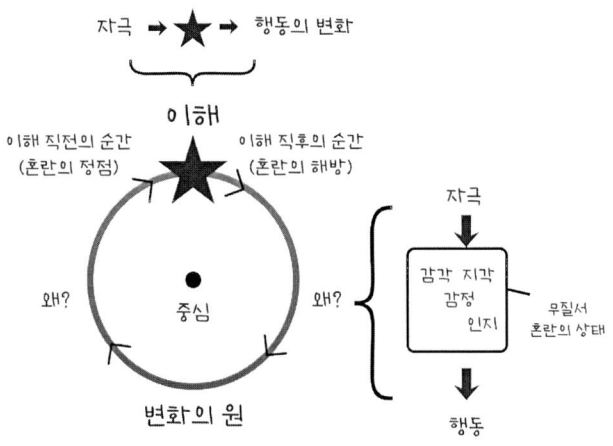

〈 연결의 흐름 (위에서 바라볼 때) 〉

'왜'가 쌓일수록 감각, 지각, 감정이 얽혀 무질서한 혼란에 놓이기도 해. 지각의 질서 없는 행동은 작은 바람에도 쉽게 흔들리지. 마치 동물들을 무심히 스쳐 지나가는 너를 보며 '왜 꼭 네게 많은 것을 보여주어야 하는가' 되묻던 그 순간처럼 말이야.

질문이 계속 더해질수록 어지러움은 증가해. 그래서 어떤 사람은 그 혼란이 두려워 '왜'를 묻지 않고 또 어떤 사람은 '왜'를 묻다가 고통스러워서 행동을 멈추고 남들을 따라 하기도 하지.

하지만 우리가 머리의 기능만이 아니라 '몸과 마음이 동시에 반응하며 하나의 이해로 재통합[5]'될 때, 즉 혼란의 정점에서 너의 자아가 세상의 경계와 부딪히며 번쩍 눈을 뜨는 찰나. 기존의 생각이 무너지고 새로운 통찰이 태어나. 그 순간이 바로 별표로 표시된 진정한 이해의 순간이야. 고통은 순식간에 희열이 되지. 그 쾌감은 경험해 보지 않고서는 이루 말할 수 없어. 모든 걸 내려놓고 싶었던 고비를 넘기면 다시 일어설 힘을 얻고 이전과는 다른 방향으로 행동을 변화시키거든.

정점을 넘어선 행동에는 '왜'가 없어져.
의심은 사라지고 몸과 마음이 동시에 움직이게 돼.
어떠한 이끌림에 의해서 말이지.

> '삶의 진짜 보석은
> 영감의 결과를 배우는 것이 아니라
> 자기 스스로 영감을 경험해 보는 것이다.
> 영감을 체험해 보는 것, 이것이 핵심이다.
> 우리는 계속 공부를 하지만
> 영감의 결과를 숙지하는 일만 한다면
> 죽을 때까지 영감의 순간을 경험하지 못할 수 있다[6].'

---

5 Barsalou, L. W. (2008). Grounded cognition. *Annual Review of Psychology*, 59, 617-645.
6 노자와 장자에 기대어, 최진석, 북루덴스, 2022.

엄마가 끊임없이 '왜'를 묻고 원인을 찾아 헤매던 어느 날, 번개처럼 스친 생각 하나가 그 답답함을 단숨에 해방시켜 주었어. 그 짧은 전환이 믿을 수 없을 만큼 큰 자유를 주었지. '생각만으로 가슴이 이렇게 탁 트일 수 있나? 마음이란 참 신기하구나.' 싶은 순간이었어.

그때부터였어. 사람의 마음이 어떻게 작동하는지 알고 싶어 심리학을 파고들기 시작한 때가. 지식을 쌓기 위해서가 아니라, 그날 느꼈던 해방감을 삶으로 연결하는 지혜를 배우고 싶었거든. 학위를 위한 공부가 아니라 삶을 위한 공부를 했어. 그래서인지 시간이 가는 줄도 모르고 즐겁더라.

그렇게 내면에서 솟아오른 작은 빛을 따라 걷다 보니 엄마의 인생지도도 자연스레 손에 '쥐어지기' 시작했어. 내가 지도를 만든다기보다 지도가 내게 다가온 느낌이었거든. 그 경험을 나누고 싶은 마음이 지금 이렇게 엄마를 글 앞에 앉히는 것 같아.

너희가 살아갈 세상은 엄마가 자라던 때보다 훨씬 더 많은 자극으로 가득해. 생각할 틈도 없이 밀려오는 정보와 이미지들 속에서 '왜'를 묻지 않고 자극에 이끌리다 보면 불나방처럼 빛에 눈이 멀어버릴 수도 있어. SNS에 비치는 세상과 광고의 빛은 눈부시지만 오래 머물지 않아. 외부의 빛만 좇다 보면 결국 마음의 힘을 잃게 된단다. 그렇게 소모된 힘은 은둔, 무기력, 우울, 집중력 결핍 같은 모습으로 세상에 나타나고 있어. 화려함으로 뒤덮인 이 시대의 이면에는 그만큼 짙은 어둠이 자리하고 있단다.

아이야,
자유롭게 꽃과 하늘을 오가는 나비가 될래,
아니면 타인의 빛에 이끌려 소멸하는 불나방이 될래?
네 지도를 손에 쥐고 자신의 항로를 그리는 항해사가 될래,
아니면 목적지 없이 바다를 떠도는 표류자가 될래?

삶에서 느닷없이 찾아오는 힘듦이 어쩌면 '이해'의 문턱일지도 몰라. 그때 엄마의 이 편지를 꺼내 보렴. 조금만 더 힘을 내어 문턱을 넘게 된다면, 이해의 힘이 네 마음의 문을 열어 내면의 빛을 밖으로 끄집어내 줄 거야. 열린 문을 통과할 때 새로운 변화가 힘차게 자라기 시작한단다.

다음으로, **연결은 우리를 도약하게 해.**
이해와 변화의 순환은 한 차원 더 높은 곳으로 우리를 데려다줘.
그렇게 그릇이 커지지.

위에서 내려봤던 연결의 흐름을 옆에서 바라보면 이렇게 돼.
우리가 '왜'라는 질문을 품고 변화를 향해 원을 돌다 보면 어느 순

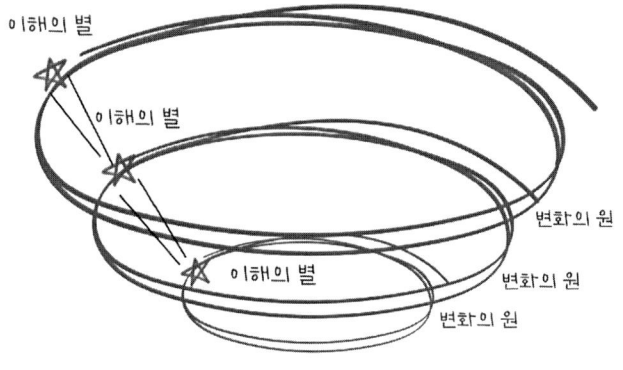

〈 연결의 흐름 (옆에서 바라볼 때) 〉

간 이해의 지점에서 통찰과 함께 빛이 터져 나온다고 했지? 그때 우리는 한 차원 높이 도약하며 더 넓은 원을 그리기 시작해. 이해가 깊어질수록 시야는 넓어지고, 그 넓어진 원은 마치 위로 펼쳐지는 그릇처럼 너를 더 큰 세상으로 이끌 거야.

'아는 만큼 보인다'라고 하지? 넓은 원을 그리는 사람은 세상을 더 깊고 넓게 볼 수 있단다. 그 빛을 따라갈 때 너의 심장은 두근거리며 움직일 거야. 지도를 손에 쥐고 빛을 따르는 것이 곧 너 자신을 성장시키는 법을 배우는 길이란다.

하지만 그냥 '해야 하니까', '남들도 하니까'라는 이유로 공부한다면 다람쥐 쳇바퀴처럼 같은 원 안을 돌 뿐이야. '왜'를 묻지 않은 회전에는 방향도, 깊이도 없지. 그저 뱅뱅 돌뿐이야. 반대로 스스로에게 '왜' 공부해야 하는지 묻고 또 물을 때, 마침내 너는 이해의 별에서 눈을 뜨고 더 넓은 원을 그리게 되는 것이야. 그때부터는 같은 공부를 하더라도 차원이 달라지지. 단순한 의무가 아닌 배움의 항로가 네 앞에 무한히 펼쳐질 테니까.

'타인을 위한 삶은 충분히 살았다.
이제 남아 있는 인생만큼은 자신을 위해 살자.
모든 생각과 의도가
우리 자신과 우리의 안위를 지향하게 하자.
확실한 자기만의 방을 마련하는 것은 매우 중대한 일이라
다른 일과 병행하기에는 다소 벅찰 수 있다.
하지만 신이 우리에게 떠날 겨를을 주었으니 채비를 하자[7].'

그러니 아이야,
너만의 원을 그리자.
너만의 빛을 따라 너만의 지도 위에서
더 깊이, 더 멀리 바라볼 채비를 하자.

많이 보는 것보다 중요한 것은
얼마나 깊이 볼 수 있는가란다.

---
[7] 몽테뉴의 수상록, 몽테뉴, 메이트북스, 2019.

여기서 참 신기한 사실이 하나 있어. 아주 일부의 사람들은 그릇처럼 점점 크기를 넓히다가 어느 순간 백자 항아리처럼 그 입구를 다시 좁혀가. 바깥으로 퍼지던 힘을 안으로 모아 더 높게 도약하는 사람들이지. 입구가 작고 둥근 백자 항아리를 볼 때마다 엄마는 늘 감탄해. 오랜 시간 쌓인 기술이자 내공이니까.

단계가 높아질수록 행동은 빨라지고, 생각은 단순해지고, 변화는 가속화돼. 겉보기엔 행위의 가짓수가 줄어드는 것 같지만, 그 안은 훨씬 더 풍부하게 깊어져. 그건 자신 안에 아주 중요한 중심축 하나를 세우는 과정이야. 마치 축을 중심으로 회전하며 완전한 공의 형태를 이루듯이 말이야.

그게 어떻게 가능한지 아니? 별표를 따라가다 보면 더 이상 의심하지 않게 돼. 이 길이 맞는지, 내가 어디로 가야 하는지 고민하지 않게 된단다. 그저 뜻에 이끌리는 대로 나아가며 자연스레 순응하게 돼. '왜'라는 질문이 점점 줄어들고, 대신 '느낌'이 흐름이 되지. 그렇게 물 흐르듯 세상과 연결되는 거야. 순환의 흐름에 온전히 몸을 맡기면서! 그렇게 내면은 풍성해지고 자기만의 세계가 갖춰지는 거야.

그런 상태에서 우리는 어떻게 될까?

깨어있게 돼.
이게 바로 연결의 마지막 기능이야.
더 고요하고 선명한 시선으로
세상과 자신을 잇는 중심을 만드는 것.

행성이 어떻게 만들어지는지 아니? 별 주위를 돌던 가스와 먼지들이 서로 부딪히고 달라붙어 조금씩 커지다 마침내 하나의 덩어리가 되지. '왜'라는 질문 속에서도 비슷한 일이 일어나. 머릿속 수많은 생각들이 부딪히고 엉키며 서로를 끌어당길 때 그 혼란 속에서 하나의 중심이 생긴단다.

낡은 것을 흘려보내고 새로운 것을 채우는 순환이 이어질수록 네가 만드는 배는 점점 커질 거야. 종이배는 돛단배로, 다시 나룻배로, 어느 순간 바다로 나가는 고기잡이배로, 결국에는 대양을 건너는 선박으로 자라나겠지. 그 배 안에는 너만의 지도가, 배 위로는 너만의 북극성이 널 이끌 거야. 그리고 중심을 지키며 항해하겠지.

순환이 멈추면 배운 것은 굳어져.
진정한 변화를 원한다면 이해로 무게를, 순환으로 속도를 더해보자! 태풍의 한가운데가 고요하듯, 그렇게 깊이 돌다 보면 너만의 고요하게 깨어있는 중심축을 발견하게 될 거야. 그 중심이 바로,

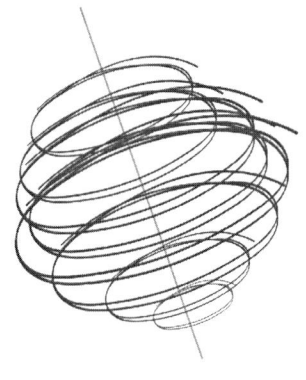

〈 연결의 중심축 〉

현재의 순간을 네 삶과 깊게 연결하는 힘이란다.

그렇게 너는 중심을 지닌 사람으로 자라나 세상의 풍파를 헤쳐 나갈 지혜를 얻게 되겠지. 인공지능에 밀릴 지식이 아니라 어떤 기술로도 대체할 수 없는 단단한 '중심'을 가진 사람으로. 삶의 선택과 행동 앞에 '왜'를 품은 사람은 쉽게 흔들리지 않아. '중심'은 모든 사물에 존재하며 안정감을 주는 보이지 않는 힘이기에 중심이 있는 한 흔들리더라도 무너지지 않고, 무너지더라도 다시 제자리에서 우뚝 서게 돼.

이제 엄마는 예전처럼 분주히 무언가를 보여주려 애쓰지 않으려고 해. 아직은 서툴지만 그저 깨어있는 시선으로 너와 지금 이 순간에 고요히 연결되어 있으면 충분하거든. 중심에 있을 때, 이해와 변화는 자연스레 이어지고 순환될 거야.

그때, 우리는
세상을 쫓아가는 게 아니라
세상의 흐름에 순항하게 된단다.

> '아이들을 만나면
> 우리 마음이 어떤 상태인지가 금세 드러납니다.
> 현재에 온전히 집중하고,
> 뇌리를 스치는 온갖 사소한 생각에 마음을 뺏기지 않는다면,
> 그때 우리는 주변 세상과
> 완전히 다른 방식으로 연결됩니다[8].'

연결은 결국 우리 몸의 세포를 일깨우는 숨결이란다.
'왜'라는 질문에서 시작된 이해가 마음을 진동시키고
그 진동이 행동으로 번져 변화를 만들어내.
이해가 깊어질수록 변화는 단단해지고
변화가 이어질수록 우리는 더 높은 곳으로 오르게 돼.
그 과정에서 삶은 입체가 되고
비로소 자신의 지도를 손에 쥐게 되지.

---

8 내가 틀릴 수도 있습니다, 비욘 나티코 린데블라드, 다산초당, 2020.

연결은 이 모든 흐름의 중심에 있어.
이해와 변화의 순환을 지탱하며 우리 안의 에너지를 고요하게, 그러나 선명하게 깨어있게 하지. 이것은 삶이 자연을 닮아가는 방식이야. 세상에 모든 일은 보이지 않는 실로 이어져 있단다. 그 실이 바로, 우리를 움직이는 연결 고리야.

'자신을 믿어라.
우리의 마음은 강철과 같은 진리에 진동한다.
신의 섭리가 당신에게 마련해 준 자리를,
당신과 그 시대 사회를,
모든 일의 연결 고리를 받아들여라[9].'

자연의 순환처럼 우리 인생도 리듬을 따라 흘러. 마치 사계절처럼 말이야. 봄에 씨앗을 뿌리고, 여름의 햇살을 받아 자라며, 가을에 수확하고, 겨울엔 응축시켜 때를 준비하지. 너의 인생도 네가 지휘하는 4악장의 교향곡이길 바란다. 한 악장이 끝날 때마다 폭발적인 성장으로 빛의 이끌림에 다가가기를 바랄게!

'나는 온갖 사건으로 가득한 세상의 목덜미를 잡아
익사할 때까지 물살 아래로 밀어 넣었습니다.
그리고는 강 아래쪽으로 떠내려 보냈습니다.

---

9 자기신뢰 철학/영웅이란 무엇인가, 랄프왈도에머슨, 동서문화사, 2020.

> 텅 빈 침묵의 공간이 사방으로 확장되고,
> 내 존재도 따라 커지면서 그 안을 채웠습니다.
> 그제서야 비로소 나는 들려오는 소리들을 감상할 수 있었고,
> 어떤 소리든 음악적으로 들을 수 있었습니다[10].'

그런데 아이야,
이해와 변화의 한바퀴가 돌고 나서 다시 한 바퀴를 시작할 때, 순환 앞에서는 항상 고통이 따른단다. 낡은 배를 부숴야 하고 그 파편에 새로운 나무를 덧세워 새 배를 만들어야 하거든. 그렇게 더 커다란 배, 단단한 배를 만들어야 하기에 낡은 정신에 과감하게 등 돌리는 아픔, 새로움에 버거워도 짊어져야 할 의무, 이 모든 고통은 성장에 반드시 필요한 등식이야. 결국 **몰락과 생성, 성장의 반복이 지속적으로 연결될 때 전경은 풍경이 되고 소리는 소통이 되며 경험은 예술이 된단다.**

이해에서 변화로, 변화에서 순환으로 이어지는 그 순간마다 네 심장은 두근거릴 거야. 나와 내 자신이 연결될 때, 나와 네가 연결될 때, 나와 세상이 연결될 때 살아있는 감각이 온몸을 가득 채우는 느낌일거야. 그때 비로소 진짜 살아있음을 느낄 것이고!! 엄마는 그 설렘이 멈추지 않도록, 심장이 매일 더 두근거릴 수 있도록, 오늘도 그렇게 삶을 두드려볼 거야.

---

10 구도자에게 보낸 편지, 헨리데이빗소로우, 오래된미래, 2005.

이 살아있는 느낌.
우리는 결국 이 심장 뛰는 느낌을 찾아 살아가는 존재가 아닐까?

너를 재우며 등을 토닥이던 엄마의 손길은
우리가 생을 시작하며 뱃속에서 느꼈던 심장의 박동이자
고요하고 따뜻했던 울림이었단다.
어쩌면 우리는 그 울림을 죽는 날까지 기억하며,
생명의 태동을 다시 느끼기 위해
두근거림을 찾아 항해하는지도 몰라.

자 어때? 지금 너의 심장은 얼마나 두근거리고 있니?
눈과 귀로 세상을 마주할 때 들리는 고동에서
눈을 감고 귀를 닫았을 때 더 깊이 전해지는 심장의 박동으로
너의 발걸음을 인도하기를.

너의 심장이 내뿜는 빛은
어떤 홍수나 급류 속에서도 너 자신의 중심을 지탱할 힘이자
너만의 배를 띄울 수 있는 첫 물줄기가 되어줄 거야.

엄마는 네게 더 이상 배를 만들어주지 않을 거야.
엄마가 만든 배는 언젠가 큰 풍랑에 부서질 테니까.
너 스스로 일어설 힘을 가지길 바라.

판자를 모으고 시간의 누적과 함께 세상의 배움을 덧입혀
오롯이 너만의 배를 만들어가렴.

이제 겨우 판자 조각을 모으기 시작하는 엄마지만, 스스로 배를 띄워 항해하는 모습을 네게 보여주려 한단다. 그러니 우리 함께 바다 위 반짝이는 윤슬을 바라보지 않을래? 태양 아래 각자의 북극성을 따라 나란히 항해를 떠나보자.

각자의 배로 나아가고, 각자의 길에서 헤어졌다가,
언젠가 다시 삶의 바다에서 마주치자.

위대한 항해의 지도를 손에 들고
우리 각자의 바다를 항해하자!!

박지선
문수진
윤성관
이화정
김도연
박지경
김천기

엄마의 정신을 남기며…

박지선

공저를 준비하는 간절한 배움의 시간들은 진리를 말하는 책이, 삶을 움직이는 책이 되기까지 필요한 것을 알려주었습니다. 이해하기 이전에 반드시 살아낸 시간이 필요하다는 것입니다. 말이 앞서기보다, 마땅하게 증명되어야 할 것들로 먼저 삶의 바닥을 견고하게 다져놓아야 한다는 것이었습니다. 기존의 썩어빠진 관념과 곪아버린 인식을 깨뜨리는 고통이, 오히려 달갑고 신비롭게 느껴지는 귀한 시간이었습니다. 저는 아이들이 저와 같은 삶을 살길 바라지 않습니다. 그러나 자녀를 향한 사랑이 곧 엄마인 저 자신의 존재를 더 단단히 만들어야 한다는 간절한 의무로 변해가는 그 순응 속에서, 저와 아이는 함께 닮아가며 성장하고 있습니다. 함께하는 모든 소중한 인연에 감사드립니다. 함께 쌓은 하루하루들이 저를 자라게 하고, 『엄마의 유산』을 흔들림 없이 세워주었습니다.

문수진

아이들은 기쁠 때도 슬플 때도 엄마를 부릅니다. 넘어져 울다가도 엄마가 안아주면 눈물을 그칩니다. 엄마의 손은 단단한 기둥이고, 엄마의 눈은 따스한 햇살이며, 엄마의 말은 밤에도 빛나는 등불입니다. 저는 부족하지만, 엄마는 강합니다. 엄마로서 아이들에게 남겨줄 정신을 세우고 싶었습니다. 하나의 주제를 잡고 끈질기게 물고 늘어졌습니다. 어떤 날은 울면서 썼고, 어떤 날은 빨개진 얼굴로 썼습니다. 도망치고 싶을 때마다 아이들을 떠올렸습니다. 아이들이 보고 있다고 생각하면 정신이 번쩍 들었습니다. 함께 글을 쓰며 울고 웃었던 작가님들 덕분에 버틸 수 있었습니다. 진심 담아 감사의 마음을 전합니다.

정원에

『엄마의 유산』을 함께 써 내려간 '아빠'로 새벽을 지켜내면서 한 가지를 배웠습니다. 글처럼 삶도 잘 써지는 날이 있고, 마음과 문장이 어딘가 걸리는 날도 있다는 사실을요. 생각해 보면 너무나 당연한데, 이상하게도 언제나 '잘 써지는 날'로만 이어져야 한다고 믿어왔나 봅니다. 열 달이 넘는 시간 동안 두 통의 편지를 수십 번 고쳐 쓰며 알게 되었습니다. 어떤 날은 문장이 먼저 걸음을 내딛고, 어떤 날은 마음이 정신을 앞지르기도 하면서 말이죠. 매끄러운 날보다 어수선한 날이 더 많다는 것, 그리고 그 모든 날이 결국은 '내 날'이 되어준다는 것을요. 이 책을 함께 만드는 시간은 그런 확신을 조용히, 그러나 깊게 건네준 선물 같은 순간들이었습니다. 참 고맙고, 참 행복한 시간이었습니다.

이화정

몇 달 전 읽다 둔 책을 다시 꺼내 읽습니다. 전에는 안 보이던 문장과 알 수 없었던 내밀한 뜻을 발견할 때면 내 껍질을 깨준 어떤 존재의 입김이 느껴집니다. 데카르트의 말처럼 신이 물질을 창조한 가장 첫 순간부터 모든 물질의 총체 안에 있는 양만큼의 운동을 두었다면, 엄마의 유산은 마법 같은 책입니다. 아이에게 주는 정신을 쓰다 보면 엄마의 정신을 다시 쓸고 정리하는 빗자루가 되는 마법. 글을 쓰면서 함께 하는 작가들의 기운과 불꽃이 더 큰 무엇을 불러들이는 마법을 체험합니다. 일견 간단해 보이는 편지 두 편을 쓰며 무엇에 굴복해야 하는지, 어디를 정리해야 하는지 저를 먼저 가르치는 과정이었습니다. 『엄마의 유산』이 계승되어야 하는 이유가 더욱 명백해집니다. 엄마를 통해 아이가 정리되고 아이의 정신이 세워지면 세상이 제대로 설 것이기 때문입니다. 바르게 세워진 정신의 가치가 빛나는 회오리의 역동성으로 계속 이어지길 바라봅니다.

김도연

글을 쓰는 동안 마음만은 한결같이 진심이었습니다. 진심이라면 비록 생각들이 서툴고 어설플지라도 언젠가 누군가에게 닿을 거라 믿었습니다. 무엇을 남길지보다 어떻게 살지를 더 깊이 고민했고, 글을 쓰는 동안 앞으로의 삶을 대하는 나만의 태도를 배워나갔습니다. 책을 마친 지금, 홀가분함보다는 제가 한 말들을 삶에 품고 그 무게를 조용히 어깨에 지며 걷기 시작합니다. 앞이 멀어도, 천천히라도, 숨을 고르며 나답게 오르고 싶습니다. 『엄마의 유산』이라는 신비로운 일이 제 삶에 찾아온 것은 세상이 건네준 수많은 기회와 도움 덕분이었습니다. 가족들을 비롯하여 이 길을 가능하게 해준 모든 인연에 마음 깊이 감사드립니다.

박지경

장인이 되려면 숙련된 기술은 물론이고, 그 속에 그들의 사상이 들어갑니다. 『엄마의 유산』 계승도 '엄마의 세계'를 물려주는 것입니다. 어느 엄마에게나 아이에게 전해져야 할 마음속 진주가 있습니다. 그 진주가 진주인 줄 모르고 사는 엄마들이 많습니다. 저도 그런 엄마 중 한 명이었습니다. 저에게 진주를 알아볼 수 있는 통찰 있는 눈을 길러준 것이 『엄마의 유산』 집필이었습니다. 그 과정은 진흙 속에서 진주를 건져내는 것처럼 그냥 지나쳤던 일상에서 자신의 생각을 펼쳐 소중한 것을 알아채고 체화한 결과를 손가락 끝으로 뽑아내는, 그렇게 활자가 세상으로 날아가는 것임을 알았습니다. 저의 키워드였던 신뢰와 리더십을 쓰면서 저는 성장했습니다. 그래서 많은 엄마가 『엄마의 유산』을 썼으면 합니다. 아이들에게 올바른 정신이 전해지고, 널리 퍼져 보편적인 문화로 정착되는 상상을 합니다. 이것을 기획해 주신 원조 엄마, 지담 작가에게 그리고 동심으로 함께한 동료 엄마들에게 무한 감사를 전합니다.

김천기

한여름을 지나 낙엽이 모두 질 때까지 우리는 각자의 이야기를 글로 남겼습니다. 아이를 위한 글이 아니라 아이를 대하는 저를 돌아보고 제가 물려줘야 할 가치를 생각하며 남긴 우리의 글이 내 아이에게, 또 이 시대를 사는 자녀들에게 삶의 지표가 되길 바라는 마음으로 고치고 또 고치며 저를 바라보았던 시간이었습니다.

『엄마의 유산』 공저 안내

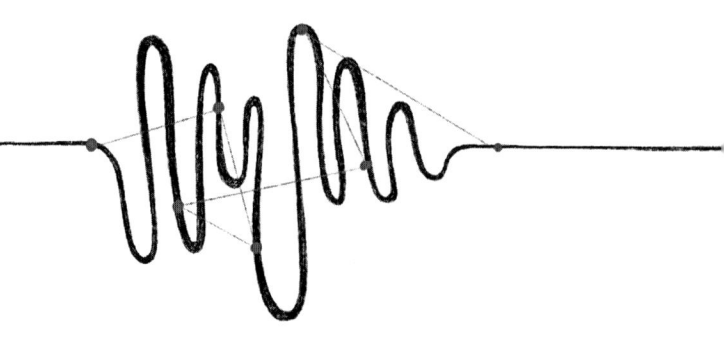

엄마의 유산 – 로고 이야기 / 디자이너 정근아

엄마의 소리

뱃속 아이를 처음 만나던 날,
어둠 속에서 들려오는 아이의 심장 소리.

작은 속삭임처럼,
깊은 곳에서 전해오는 파장이
나의 심장으로 울려 퍼집니다.

작은 북소리처럼,
또 다른 생명이 피어나는 경이로움이
심장 깊은 곳에서 느껴집니다.

작은 리듬으로 살아 숨 쉬는 존재가
노래하듯 나에게 다가옵니다.

아이가 처음으로 "엄마"라고 부르던 날,
작은 입술에서 흘러나온 그 소리 – "엄마"
"엄마"라는 그 한마디에 나의 존재가 더욱 선명해집니다.
아이의 심장 소리는 "엄마"를 부르는 소리였을지 모릅니다.
아이와 내가 다시 연결되고, 그 순간 모든 것이 완전해집니다.
아이의 목소리가 나를 감싸며,
모든 순간이 특별한 빛으로 물들기 시작합니다.

그리고 언젠가,
내가 아이를 두고 떠나야 할 날이 온다면,
그 떨리는 목소리에서 터져 나올 "엄마"라는 울부짖음.
그 순간이 얼마나 고통스러울지
상상만으로도 내 마음이 날카롭게 아려옵니다.

"엄마"라는 그 한마디가 그들의 가슴속 깊이 새겨지면서 한없이 부르고 싶겠지요. 그러하기에 아이의 마음속에 나의 존재를 큰 울림으로 남겨두고 싶습니다.

끝없는 사랑으로 그들을 감싸며,
나의 이야기를 작은 속삭임으로
나의 그림을 고요한 리듬으로
다시, 그들에게 전해주고 싶습니다.

아이야,
자연의 순환은 심장의 박동으로 이어지고,
그 박동은 다시 정신의 생명으로 스며들어
존재는 끊어지지 않는 리듬 속에서 살아가는 거란다.
그 리듬 속에 엄마의 소리는 조용한 파장으로
너에게 이어질 거야. 그러니, 지금 너의 소리를 들어보렴.

엄마의 유산 – 살아버리는 힘, 살아벌이는 짓!

초판 1쇄 인쇄 : 2025년 12월 03일
초판 1쇄 발행 : 2025년 12월 05일

글 : 박지선, 문수진, 윤성관, 이화정, 김도연, 박지경, 김천기
북디자인 : 정근아, 박지경

출판사 : 건율원
출판등록 : 신고번호 제 2024-000026호
주소 : 경기도 양평군 청운면 청운삼성길 64-15
전화 : 010 9056 9736
홈페이지 : https://guhnyulwon.com

(C) 김천기, 정근아, 박지선, 문수진, 윤성관, 이화정, 김도연, 박지경 2025

ISBN 979-11-989986-8-2 (03190)

* 이 책의 전부 또는 일부 내용을 사용하려면
  반드시 저작권자와 건율원의 동의를 받아야 합니다.
* 인쇄, 제작 및 유통상에서 발생한 파본 도서는 구입하신 서점에서 교환 가능합니다.
* 단체 주문을 원하시는 분은 건율원에 문의주시기 바랍니다.